「ママ！　遊んで！」

と言ってくれるのは、
人生のうちのほんの一瞬。

「あの時、家事なんかより、
もっとかまってあげればよかった……」
と後悔しないために、ムダな家事を捨てました。

「いいよ、ママと遊ぼう」

はじめに

毎日必ずやってくる食事の支度に、いつもあたふた。床にほこりが落ちているなぁ、とわかってはいるけれど手が回らない。子どもが保育園でもらってきたプリントに、明日アレがいるって書いてあったっけ……。母はやらなきゃいけないことで頭がいっぱいで、常にバタバタ。

子どもがいると、家事のために自由に使える時間は限られています。しかも、夫の帰宅は毎日深夜。頼れる実家はもうない——。なのに、やることは山積み。我が子はかわいいのに、忙しいとイライラして、ついあたっちゃう日も。

なんとかしなきゃと家事本を読みあさり、本の通りに作り置きや片づけを実践。これでうまくいく……と信じたのに、なぜか余計に大変になるばかり。それでも諦めずに試行錯誤し、必死にあがいてきました。

そうやって毎日過ごしてきたら、ある時ふと気づいたんです。

「あれ、最近私、なんにもしてない」って。お掃除ロボットや食器洗浄機を買ったわけでも、家事代行サービスをお願いしたわけでもありません。子どもは

3人に増え、仕事もフルタイムになり、以前より忙しくなっているのに、今では、家は片づいていて、落ち着いてごはんの支度ができ、笑顔が増え、子どもと夜9時には寝られています。そして、夢だった「親子カフェ」までオープン。
そう、自分の目標が叶った状態になっていたんです。

では、いったい何をしたのか——。

そう、やめたんです！　あれもこれも！

1日は24時間。どんなに工夫しても、できる量には限界がある。私には全部をやるのは無理だわ〜と諦めてから、「いかにしてやるか」ではなく「いかにしてやめるか」という考えに切り替え、どんどん手間をなくしていきました。
もし、がんばっているのにうまく家事や育児が回らなくて困っていたら、この本を読んでみてください。何かひとつでもやめれば、きっとラクになれます。
そして、お母さんの笑顔が増えたなら、私にとっても本望です！

目次

我が家の間取り

2010年に建てた我が家。どういう間取りにすれば家事をしやすいか、家族の関係性がよくなるか。いろいろと考えた結果、こんな家ができました。

家族5人の寝室。将来は子ども部屋に

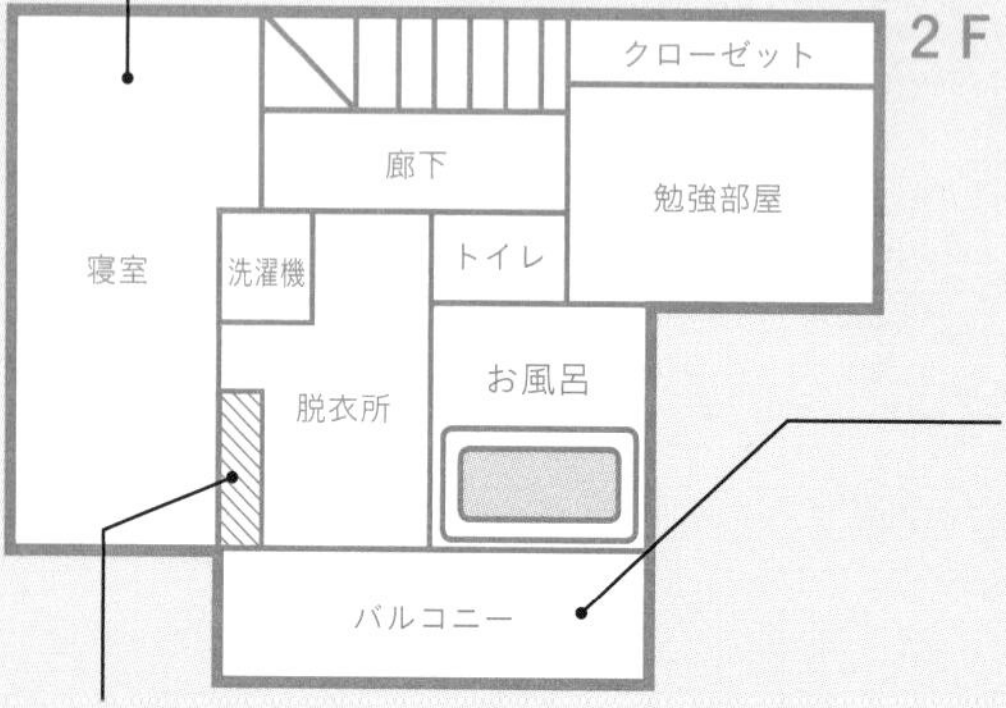

脱衣所からバルコニーにそのまま出られて、洗濯物も干しやすく

子ども達の衣類置き場。
お風呂上がりにすぐ取り出せます

子ども達のおもちゃ箱。
1人ずつ専用BOXを用意して、
ポイポイ放り込みます

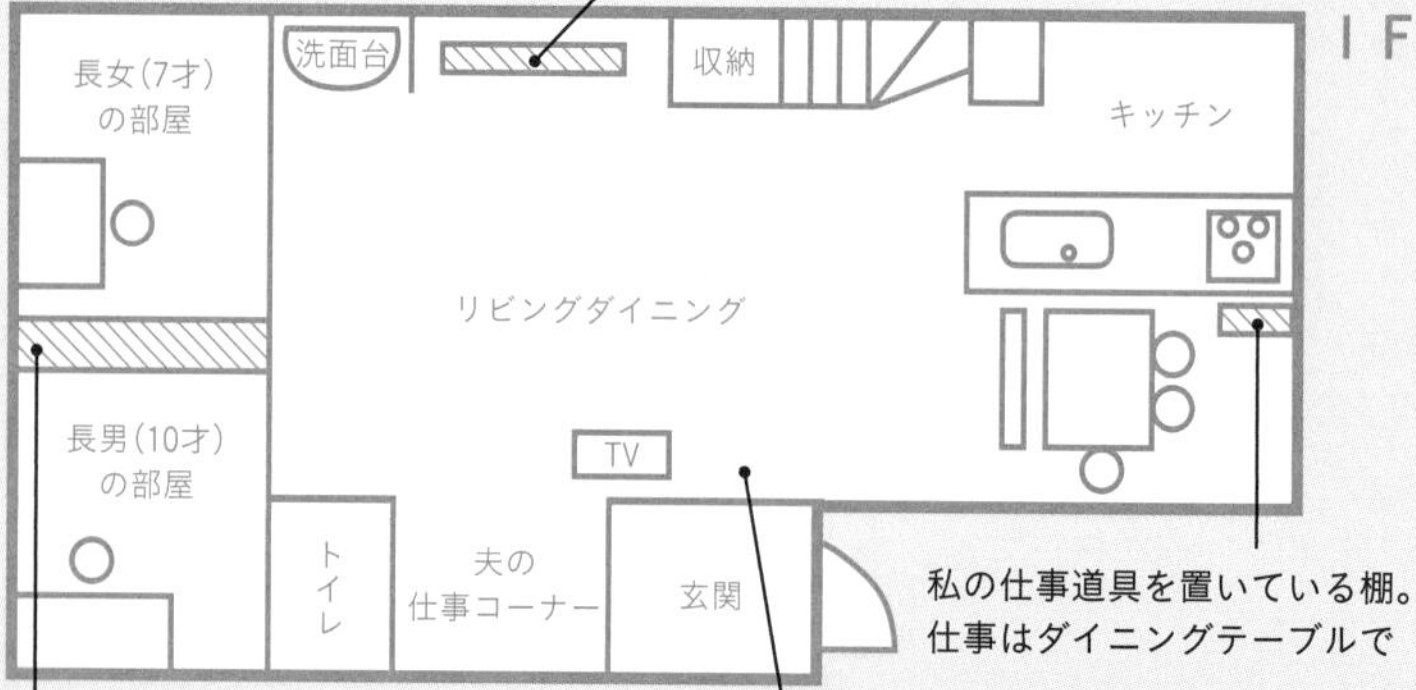

私の仕事道具を置いている棚。
仕事はダイニングテーブルで

1つの洋室を、
IKEAの棚で仕切って2部屋風に！
将来は仕切りをなくして、
夫婦の寝室兼仕事部屋に

廊下を作るスペースがもったいないので、
玄関からすぐにリビングへ。
初めてのお客様は大体驚きます(汗)

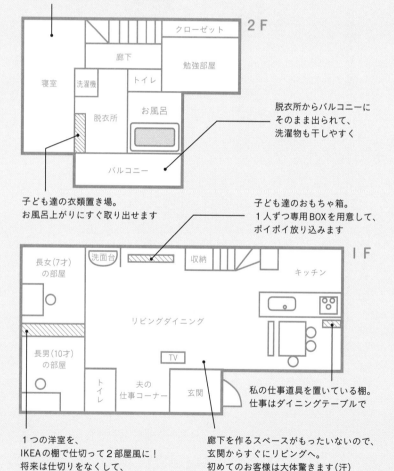

1章

1人でもイライラしない家事

作り置き、ラクになるはずが週末丸つぶれ

あれもこれもやめたけれど、私も最初からうまくやめられたわけではありません。
たとえば、毎日3回、きっちりと訪れる家事、食事作りのエピソードをひとつ。

子どもがいると、外食や適当なもので済ませるわけにもいかず、栄養のあるものを用意しなければ……という気持ちになります。しかも、朝、昼、夜と、ごはんの時間はある程度決まっていて、ずらせない。そのうえ、時には作るのに1時間半もかかってしまう、家事の中でも大変な作業。

そんな、母には逃れることができない食事作りを、なんとかしてスムーズに済ませた

い！　と悩んでいる時に知ったのが、話題の「作り置き」でした。

仕事や用事から疲れて帰ってきても、何を作ろうかと迷うことなく、パパッと食事の用意ができる。しかもすべて手作りで！　家事の効率化に目がない私は、「わぁ、なんてすてきなのだ！」と飛びつきました。やると決めたら結構本気になる方で、作り置き専門のレシピ本を5冊以上購入。ほかにも、家事本の中に紹介されている作り置きレシピなども参考にして、次から次にいろいろなメニューを試しました。


でも、作り置きが思うようにいったためしは、ほぼありません！

作り置きがあっても、同じメニューが何日も続くと、家族は飽きて食べてくれない。受けが悪いメニューだったら、いっさい消費されない。だから、作り置きがあるのに、ほかのメニューを作ることになってしまうんです。そして残った作り置きは、私が責任もって食べ続けるはめに……。だったら、子どもが絶対喜ぶおかずを作り置きすればいいの？と思って作ると、今度は3日分の量が1日で半分以上なくなるという事態に！

そして、週末に大量の買い出しをして、キッチンにこもり、何品もの作り置き……。私の週末は、作り置きで丸つぶれ！　週末にゆっくり家族と過ごす時間も、休む時間もなくなり、いったいなんのために作り置きをしているのかわからなくなりました。

なんだかんだ8年も試行錯誤しましたが、作り置きをスムーズにこなす生活はいっさい定着しませんでした。私には無理だと気づいて、ようやく作り置きをやめました（笑）。

そして、考えたんです。作り置きに頼らなくても、すぐごはんの準備ができる方法を！

その方法はたったの３つ。

①日曜日の夕食は、おかずを多めに作って平日に回す

日曜の夕食は、日持ちするおかずを量多めに用意して、残りを平日に回します。夕食の量を多めに作るだけなので、週末をつぶされることもありません。

②おいしいドレッシングで、ちぎるだけのレタスが大好評の副菜に

レタスをちぎり、ミニトマトを洗ってのせるだけのサラダも、おかずの一品とカウント。子どもが喜ぶおいしいドレッシングを見つけておけば、パクパク食べてくれます！

③レンジでチンするだけ、茹でるだけで食卓に出せる食材を活用

電子レンジ用蒸し器を使ってチンすれば、そのまま食べられるもの。たとえば、夏はとうもろこし、冬はさつまいもも副菜にしちゃいます。余裕がある時は、ブロッコリー2個とほうれん草2束を茹でて、冷蔵庫にストックしておきます。これがあれば、いつでも味つけをするだけで副菜に。

手の込んだ料理じゃないけれど、子どもとゆっくり過ごせる時間はグッと増えました。それでも、ちょっと罪悪感がある時には、開き直ってそれを口に出してしまいます。

私：「昨日と同じごはんでもいいですか～?」 子ども達：「オッケーで～す!」

私：「またどんぶりですけど、いいですか～?」 子ども達：「オッケーで～す!」

このやりとりが山田家の恒例。案外、子ども達は平気なもんです。おしゃれですてきな食卓には程遠いですが、家族に笑顔があればオッケーで～す!

育児に追われて、ごはんを作る暇がない！

料理をするのは、どちらかと言えば好きな方だと思います。

だけど、子どもが生まれたら生活が一変！　授乳による3時間おき睡眠が1年半続いて、常に寝不足状態。慣れない育児で常に緊張していたこともあって、バタバタな毎日。少し子育てがラクになってきたら、今度は子どもの宿題を見たり、話を聞いたりする時間も必要で。さらに、自分の仕事もフルタイムになり、どんどん忙しく……。

そして徐々に、ごはんをちゃんと作ることができなくなっていきました。でも家事本を読むと、みんなキラキラしていて、うまくこなしている。どうして私だけできないのか——。

他人と比べても仕方がないのに、勝手に悩んでストレスを感じていました。
「もっとちゃんとやればできるのに！」「お母さんなのに、ちゃんとごはんを作れないなんて！」という変なプライドもあって、本当に悩みました。がんばれば、いつか一汁三菜を余裕で作って、おしゃれな食器に盛りつけて、華やかな食卓で家族をもてなす、〝すてきな理想のお母さん像〟に近づけると思い込んでいました。

でも、やっぱりどうあがいてもストレスが溜まる一方で、うまくできない……。だからある時、「私、今は料理やめる！」と開き直ったんです。おしゃれでキラキラした料理は諦めて、〝食事作り〟をすればいいという許可を自分に出しました。

ここで私が言う〝食事作り〟とは、とにかく「栄養のある野菜たっぷりのごはん」を家族に出すこと。そして、それを家族で楽しく食べる！　一汁三菜じゃなくても、同じような献立が続いてもＯＫ。すてきな家事本と自分を比べることがなくなり、ごはんに味噌汁があれば十分。副菜があったら立派立派、と思えるようになりました。

収納術を駆使しても、やっぱり片づかない

部屋が散らかってくると、「よし！　片づけるぞ！」と気合いを入れて、丸一日掃除に費やす。でもすぐにリバウンド。どうしたらきれいな部屋をキープできるんだろうと、収納術の本を読んでみたら、「収納家具で押し入れを美しく、隙間なく活用」、「100円グッズを上手に活用した小物収納」というテクニックを発見。

収納道具があれば片づくんだと信じて、ホームセンターや100円ショップに走る。なんて便利な収納グッズがあるんだろう！　100円ショップの商品だって最近はおしゃれだな。この値段なら買いやすい！　と思い、収納グッズをまとめて購入。

もちろん、その時は片づくんですよ。でも続かない。やっぱりリバウンド。

考えてみれば、物の配置を変えたところで、片づくわけがない。収納グッズうんぬんの前に、物が多いからいつまでもきれいな部屋を維持できないんだということに、気づいたのはつい最近……。そしてやっと、収納グッズを駆使するの、やめました。

まずは物を減らそうと思い整理し始めたら、これまでは絶対に必要だと思っていた収納グッズや収納棚がみるみる空っぽに！　電話の横に置いていた背の高い戸棚、洋服をしまっていた透明の引き出しケース、大量の本を収納していた本棚、引き出しの中を仕切るために使っていた大量の小物ケース、書類を分類するボックスファイル……などなど。物を減らしたら、収納グッズまでもすっきり処分できました！

物を減らして気づいたのは、収納グッズで仕切りを作って隙間を有効活用しなくても、整理整頓しなくてもいいということ。収納術なんて、必要なし！　物が少ないって最高！

おかげで今では、衣替えのついでや、雨で一日中家にいる時など、気まぐれに物を見直す程度できれいな部屋をキープできるようになりました。

子どもが生まれてから、思いどおりにいかなくてイライラ

子どもが喜んで食べていたおかずを、夕食に用意。なのに、「え～、今日は食べないの!?」。早起きして、子どもが寝ている間に自分時間を……と思ったら、「なんで週末に限って早起きするの～？」。

子どもが生まれてから、ずっと思いどおりにいかない！　血がつながっていても、自分とは違う1人の人間。子どもにも意志があるのはわかります。でも、母親になったからと言って、すぐに子どもに振り回される状況に対応できるわけではなく、少なからずストレスがたまるもの。子どもが食べてくれると思ったのに食べてくれない、自分1人でゆっくりしたかったのにできない。自分の思いが満たされないから、イライラしちゃうんです。

でも、子どもがいる今の状態は、すべて自分が望んだこと。子どもに振り回されても、それは自分が選択したこと。

だから、「子どもに振り回されず、自分の思いどおりにしたい」と願うのをやめました。

とはいえ、母親はやることが山ほど！　実際、物事が進まないのは困るわけで（笑）。「今日はあれをしよう！」と決めると、叶わなかった時にイライラしちゃう。ならば、雨ならこれ、晴れたらこれという、「ＡｏｒＢプラン」でいけばいいんだと思いつきました。

Ａ：自分が早起きして、子どもが起きてこなかったら仕事をする
Ｂ：子どもが起きてきたら先に朝食を作る

こうすると、「どちらかができた」ことになるので、ストレスがなくなるんですよね。

子どもにも「ＡｏｒＢプラン」を用意することがあります。スーパーでお菓子を買ってとぐずっている時、「どんなに言ってもお母さんは絶対に買わないけど、このままここにいる？」それとも、「帰っておいしいおやつ食べる？」と提案。どちらを選んでも結局お菓子を買わずに帰ることになるけど（笑）、子どもも自分で選んだ気になるらしく、納得することが増えました。私もワンクッション置けるので、爆発することが減る効果も！

憧れのていねいな暮らし、マネしてみたけど……

シンプルで洗練された家具が置いてあり、部屋には余計なものがない。床がピカピカのきれいな部屋。そして、調味料やジャム、パンやケーキまで手作り。そして、それをお利口に食べる子ども達……。すてき！　私もこんなふうに暮らしたい！　と、ライフスタイル本で知った「ていねいな暮らし」に感動。

そして、いきなり無謀にもマネをしてみる私。まずはジャムかな、ケーキかなと、ひとまずできそうなものを作ってみる。わりとおいしくできたし、子どもも大喜びで食べるし、よかったよかった……で終了。何度かやってみるけれど、続かない――。私の憧れる「ていねいな暮らし」をするすてきなお母さん、にはなれない（笑）。

当時は、私には向いてないのかなと、のんきに思っていましたが、今ならわかります。なぜ「ていねいな暮らし」が続かなかったのか。それは、形だけをマネしていたから。食べ物に始まり、暮らし全体に時間をかけて、ていねいに生きること。それが「ていねいな暮らし」。時間がないと嘆いている私が、ジャムだけ作っても意味がない……。だから、「ていねいな暮らし」を追っかけるの、やめました！

ではなぜ、「ていねいな暮らし」に憧れたのか。それは、ゆとりをもって過ごしたかったから。じゃあ、ゆとりをもって何をしたいのか？　私の場合は、家族と家でくつろぎたい――。だったら、それを私流の「ていねいな暮らし」にすればよいのではないか。本で「ていねいな暮らし」を紹介している方も、自分が求める暮らしをしていった先に、きれいな家や、ジャムを作る生活があるのかもしれないとわかってきました。

誰かのマネをするのではなく、私は一番大事な「家族一緒に笑顔で過ごす」ことを土台にしていけばいい！　その結果生まれるものが、どんな形になっていくか、楽しみにします。きっと、ジャムは作らないけど(笑)、心にゆとりのある暮らしができるはず！

思いきって、できないことを全部やめてみたら……

友人の家で見た、ビルトイン食洗機。なんと業務用で、「3分で終わるんだよ～」と聞いた時はもうびっくり！　3分⁉　なんかもう、未来のアイテムだなと感動しました。掃除機も、今は留守中でも勝手に掃除してくれるロボットがあって、本当に便利。ほかにも、家事代行サービスやお掃除サービスを外注して、自分の時間を有効に使うことができるようにまでなりました。

でも私は、どれも使ったことがありません。

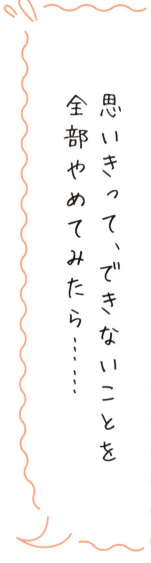

ついでに言えば、女手ひとつで育ててくれた母親はもう他界し、頼れる兄弟もいない1人っ子。夫の実家は新幹線でなきゃ行けない距離にあるし、義理の母も働いているので、頻繁に頼ることができません。

便利な物に頼るのも手段だけど、無理しなければできないことをやめたら、私みたいに〝ないない尽くし〟でもどうにかなるんです。

食器洗いは面倒だなと思うこともあるけど、細々やらずに、全員分まとめて一気にやれば5分くらいで終わります。どうしてもできない時は、シンクにきれいに食器を重ねておくだけで、罪悪感が少し減ります（笑）。

お掃除ロボットもあれば便利だとは思いますが、ほうきと掃除機で、隙間時間にパパッとやれば十分。ほうきなら音も出ないから、子どもが寝てからでもできます。

もし、いろんな便利な物を駆使して、現状を乗り越えられたとしても、その分もっとほかのことができるかもと思い、また新たな家事を見つけて、結局いつまでも忙しいままなんじゃないかな……と思うのです。

〝ないない尽くし〟で、ちょっと不便なくらいの方が、家族と穏やかで幸せな毎日を過ごせるような気がしてなりません。

2章

台所仕事やめた

1

夕食の献立に悩むの

やめた

休日、みんな揃って昼食を食べ終え、やっと片づけが終わったら、「ねっ、夕食は何が食べたい？」。みんなはのんびりしているのに、自分だけ、いつもごはんの支度のことで頭がいっぱい……。これって、〝お母さんあるある〟ですよね。

それなら、「事前に献立を決めておけば、買い出しも調理も素早くできるはず！」と思い、週末に翌週の献立を1週間分まとめて決めてしまい、買い出しまで済ませておく方法を実践していた時期がありました。

でも実際にやってみると……1週間の献立を考えることからすでに大変！　毎週毎週1週間分の献立ともなると、自分がこれまでストックしてきたレシピだけでは足りず、料理本を見て考える時間も必要になってきます。そして不慣れなメニューなので、材料もレシピ通りに揃える必要があります。

つまり、冷蔵庫に残っている食材を使いきるためのメニューではないから、食材をムダにしてしまうことも。さらには、献立に合わせて材料を買い出ししてあるので、「疲れたから、今日の夕食は手抜きメニューにするか〜」という逃げ道もありません。だって、その決めた献立以外の材料がないから！

極めつけは、自分で献立を決めておきながら、「今日はやっぱりサケのソテーって気分じゃない」ということが多発（笑）。自分で自分の首を絞めるとはまさにこのことか……と気づき、事前に夕食の献立を決めておくことをやめました。

そうしたら、意外や意外、逆に一気にラクになったんです！　前日の残りものや冷蔵庫にある食材は活用できるし、夕食の支度時間があまり取れない時は手抜きメニューにすればいい。スーパーで偶然見つけた、おいしそうな旬のものも食べられる！

献立を決めておくという事前の準備をやめたのに、なぜ食事の時間を遅らせることなく、スムーズに進められるようになったのか。

それは、「献立の大枠だけは決めておく」ようにしたからです。

日曜の夕食は、翌日以降にも回せるよう、日持ちしやすい和食の主菜や副菜を多めに作る。月曜は、日曜の主菜を活用。2日続くけどOKとする。水曜は、中だるみしがちな週の中盤なので、丼ものにして手抜きに。金曜は、1週間の疲れがたまっているから、簡単なパスタなど麺類にしています。

火曜と木曜にルールを設けてい

ないのは、私の仕事が比較的ラクで、夕食の支度にも余裕のあることが多い曜日だから。冷蔵庫の残りものを消費する調整日にしたり、子どものリクエストに応えたり、いつもよりは手の込んだメニューにしてみたり……という自由な日です。

このルールは、自分の仕事のスケジュールに合わせたり、子どもが幼稚園から早く帰ってくる曜日はがんばろう、夫の帰宅が遅い日は手抜きにしちゃおうなど、それぞれのライフスタイルに合わせたりして、考えてみてください。献立の大枠を決めておくだけで、ストレスなく、夕食作りに向き合えると思います。

こうやってやめた

How

・献立の大枠のルールだけを考えることにした
・仕事や疲れ具合など、自分の都合に合わせて決めた

やめた結果

Get

・週末の献立決めと大量の買い出しをやめた分、自由な時間が増えた
・夕食が思いどおりにならないストレスがなくなった

2

毎日味噌汁作るの やめた

食事は家族の健康を守る、お母さんの大事な仕事。みなさんは毎日の食事で、大事にしていることってありますか？　栄養、手作り、味のバランス、一汁三菜など、様々な答えがあると思います。

私は「よいお母さんでありたい」と理想を追いかけてばかりいたので、食事作りには格別、気合いを入れていました。できるものは買わずにすべて手作りで、野菜たっぷり。一汁三菜はもちろん守り、甘い・辛い・酸っぱいなど味のバランスも計算。主菜は魚と肉を交互に。ほかほかの白いごはんに、湯気がたつ味噌汁、そしておかず達……と、本や雑誌に書いてあるようなすてきな食卓に憧れていたからです。

こんな理想通りの食事を用意できたらすてきなのですが、実際やろうとすると、家事と育児、さらには仕事もあって、なかなか難しく……。自分でも目を三角にしてやっているなとわかるほどの状態で、とにかく毎日へとへとでした。

ある時、「こんなのできるかい！」と自分に突っ込みを入れ（笑）、毎日ごはんを炊き、味噌汁を作るルーティーンをやめました。

そして、味噌汁を2日に1回、2日分まとめて作る方法に変えました。

味噌汁って、いろんな野菜をたっぷり入れておけば、副菜が足りなくても、まぁいいか、という逃げ道にもなるもの。でも、毎日出汁をとって、一から味噌汁を作るのはやっぱり大変。そこで、一気にまとめて作って、時間の短縮を目指しました。

もし2日目に、食べ応えが無いなと感じたら、具材だけを足せばいい話。余裕のある週末にカットしてストックしておいた野菜を追加するのもよし、すぐに火が通るわかめやお麩などの乾物を入れるもよし。冷凍しておいた油揚げも役立ちます！

毎日味噌汁を作らずとも、食卓には毎日味噌汁がある――という状態は、「よいお母さんでありたい」と理想を追う私の罪悪感を拭ってくれました（笑）。

そして、私が食事について大事にしたいと考えている「楽しく・家族揃って・野菜を摂る」という“食事哲学”もクリア。

ごはんの支度時間を短縮、家族に野菜いっぱいのごはんを食べさせる。その両方ができるようになったので、私は自己嫌悪でイライラすることがなくなりました。

忙しくて毎日スーパーの惣菜や冷凍食品に頼ってしまい反省したり、一汁三菜を用意することにこだわりすぎて食事の時間が遅くなりイライラして悩んでいる方。どんな条件さえクリアしていればいいか、自分なりの〝食事哲学〟を決めてみてください。

2日目でも野菜たっぷりの味噌汁さえあれば、私の〝食事哲学〟はクリア。だから白いごはんは冷凍しておいたものでもいいし、おかずはパパッと焼いた肉だけでも、買ってきた惣菜だけでもいい。

少しでもラクして、笑顔でみんな一緒にごはんを食べる！　これだけで幸せですから！

こうやってやめた

How

・自分なりの〝食事哲学〟を考え、手抜きどころを探した
・味噌汁の出汁を多めに作っておき、具材だけ足して2日分にする

やめた結果

Get

・ごはんを作る時間が短縮できた
・家族にいつでも野菜を摂らせることができ、ストレスがなくなった

3

下ごしらえ　やめた

ごはんを作るという家事はほかの家事と違って、たくさんの工程が必要なものです。まず何を作るか考え、必要な材料を揃える。材料を洗ったり切ったりの下ごしらえをして、それからやっと焼く・煮る・揚げるなど調理に入れます。無事に食べ終わったと思えば、ゆっくりする暇もなく、食器洗い。掃除のように、掃除機をかけたら終わり、拭いたら終わり、というようにはいきません。

だから、工程のひとつ、〝下ごしらえ〟をやめました！　これを省くだけでも、食事作りが本当にラクになります。下ごしらえをしなくても、味がたいして変わらない料理って意外とたくさんあるんですよ。そういうレシピを知っておくと便利です。


たとえば、サバの味噌煮。

サバの味噌煮は我が家の人気メニューで、ちゃんと手間をかけて料理していると感じるすてきメニューのひとつ。

サバの味噌煮の下ごしらえは、切り身にバッテンの切り込みを入れ、熱湯をかけ、箸でひと混ぜ。水にさらし、血合いをきれいに洗い流して臭みを取る……って、長いよ！

サバを鍋に入れて火にかけてからも、煮汁のアクをその都度すくいとる。いったん火を止めて、やっと味噌を溶いたら、再度火にかける。ひと煮立ちさせたら、火を弱めて煮詰めていく……。あ〜、説明するだけでも大変。


下ごしらえの手間がかかる料理は作る暇がないや、と諦めてしまうと、我が家の食卓にサバの味噌煮が並ぶことは、おそらく永遠にありません（笑）。でも、子どもが成人するまで食べさせないのはちょっと……と思い、手抜きでもなんでもいいから、サバの味噌煮を作ることにしたのです。

そしていろんなレシピ本を読み、試した結果、こんな我が家流のレシピにたどり着きました。

調味料を全部合わせて、煮立ったらサバを入れる――。

はい、これだけ！　お湯をかけて臭み取りはしません。バッテンの切り込みすら入れません。でも、味の違いはそれほどないのです。コツは、サバを買ったすぐその日に調理すること。時間をおくと、魚の臭みが強くなってしまうから。

ほかにも、〝下ごしらえ削除メニュー〟が我が家ではかなり登場します。

たとえば、グラタン。フライパ

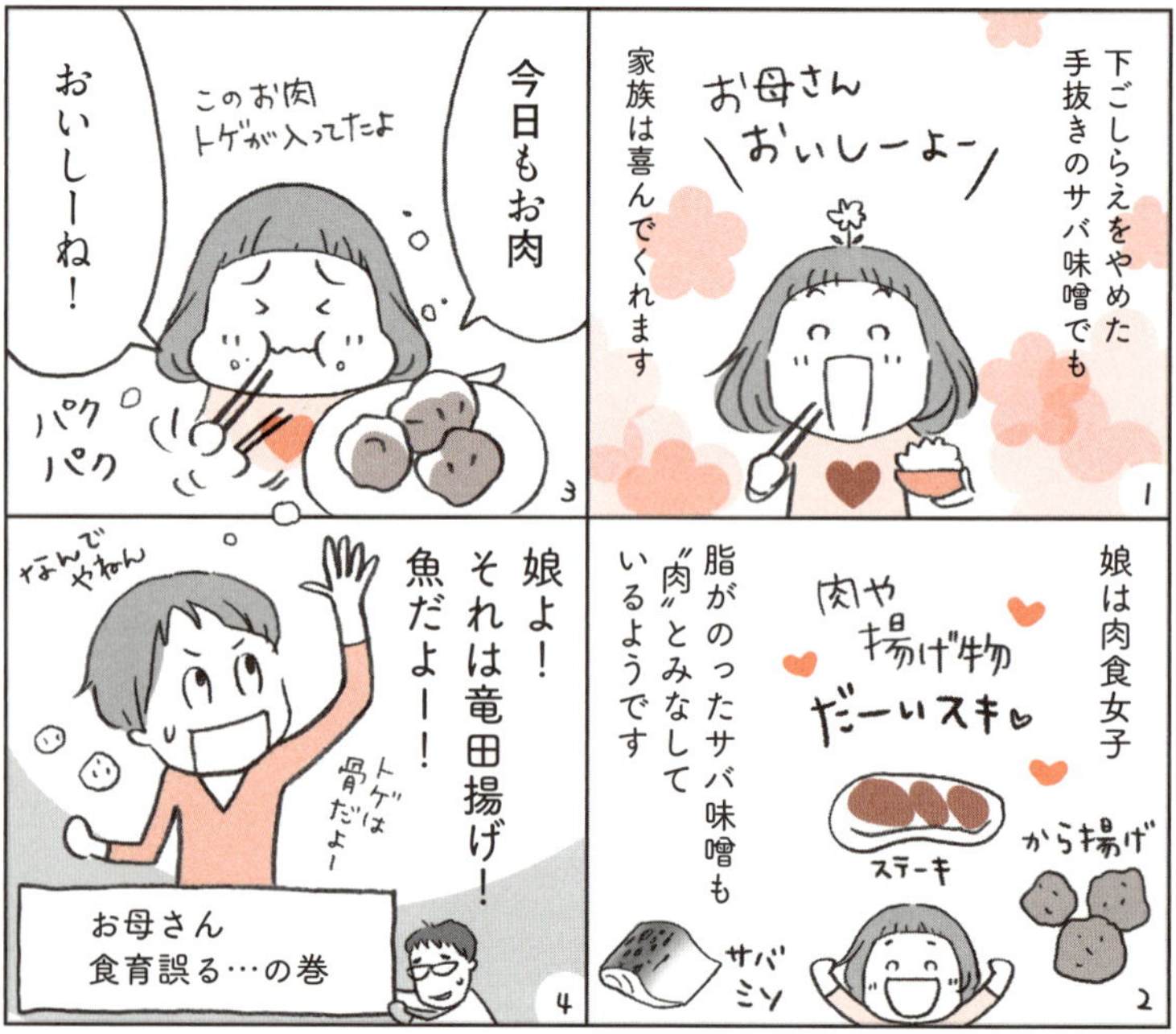

ンに茹でていないマカロニをそのまま入れて、ソースで煮る。仕上げにチーズをかけて、トロトロになったら器に盛るだけ。

鶏肉と野菜の煮物は、フライパンで鶏肉に焼き色をつける作業を削除。そして、調味料で、いきなり鶏肉を煮ちゃいます。肉に火が通ったら、一度出して今度は野菜を投入。最後に肉を戻せば、パサパサになりません。

ハンバーグは、玉ねぎが色づくまで炒めるという工程を省き、生のまま使用しています。

こういう簡単なメニューを知っているだけで、疲れている時もがんばれるものです。

こうやってやめた

How

・いきなり調味料に投入したり、生のまま使ってみた
・下ごしらえなしでもOKなメニューを研究

やめた結果

Get

・ごはんが早く作れるようになった
・「すてきなお母さん」になったような気分になれる

4 凝った料理を作るのやめた

レシピ本を見ると、「えっ？　一食でこんなにおかずの品数を作るの？」とびっくり。我が家で言えばメイン級のおかずも、副菜的な扱いになっている……。衝撃でした。

でも、いいんです。凝った料理を作るの、やめましたから――。

凝った料理をがんばって作っても、家族にはその大変さが伝わらないし、特別喜んでくれるということもなく……。たとえば、手間がかかるコロッケをいちから作ったところで、家族からすると1個100円程度で売っているスーパーの惣菜のイメージが強くて、「すごい！」とはならないのが悲しいところ。その手間と反響って、反比例すると思いませんか？

だから、手間のかかる凝った料理をわざわざ苦労して作るんじゃなくて、とにかく簡単だけどそんな風に見えなくて、子どもが食べてくれるものというポイントに絞って作ればいいやと開き直っています（笑）。

読書好きを発揮して、レシピ本を読み漁り、最適なメニューを研究。行き着いたのは、「ごはんを作る」と呼んでもいいのかと思うくらい簡単な、〝焼くだけ〟レシピ。

便利なのは、鶏肉。生のまま切るのは大変だから、大きなままの一枚肉を使用。皮目を下にして焼き、最後に塩を振るだけで、ほらおいしい！　香草パン粉をのせて焼けば、味に変化もうまれます。

魚ならカジキマグロがイチ推し。そのまま焼き、ソースをかけるだけで完成。

簡単なのに家族がおいしいと食べてくれるレシピが、ひとつでも、ふたつでもあると、ごはん作りがラクになる。その上、メイン料理がドンと食卓に並ぶので、見栄えもよく、自分の満足度もアップします（笑）。

この〝焼くだけ〟メニューが成功した秘訣は、おいしいソースやたれに頼ったこと。

肉や魚の上にかけるものがおいしいと、それだけで絶品メニューに早変わり。**我が家の場合、手の込んだ料理は作らない分、ソースとたれには妥協せず、とことんこだわります！**

手作りソースでもいいし、ちょっと奮発して買ってみるのも◎。

私がよくチェックするのは、輸

入食品を扱うお店「カルディコーヒーファーム」。普通のスーパーではなかなか見かけないソースやたれがいっぱいあります。レストランのレジ付近で見かける、お店のオリジナルソースも狙い目です。ぜひ試してみてください。

ちなみに、究極の「凝らない料理」であるサラダにも、「カルディコーヒーファーム」のドレッシングを愛用中。ちぎったレタスにお気に入りの「フォロミール」のドレッシングをかけるだけで、豪華に感じられます。

こうやってやめた

How

・焼くだけでOKなメニューを知る
・調味料を少しよいものにして、"焼くだけ"のおかずに深みをプラス

やめた結果

Get

・ラクでも見た目が豪華だから、手抜きでも自分の満足度がアップした

5

角がある食器　やめた

1章にも書いたように、我が家には食器洗浄機がありません。だから当たり前ですが、食器は毎回手洗いです。

シンクに溜まったままの食器って、キッチンを乱れた状態に見せる大きな破壊力がありますよね。だから食器は溜めずに、食事が終わったらその都度洗っています。やっと洗い終わった……というところで、子どもがトボトボとコップを持ってきたりすると、まだあったか、とガッカリしてしまいます（笑）。なので、食卓にもう洗うものは無いなと確認してから、一気に洗ってしまうのがコツ。

5人家族の大量の食器でも、スムーズに手洗いするのはもうお手の物。でも急いでいると、つい洗うのが雑になってしまい、洗い残しが多々発生。

次に食器を使おうとした時に、「あれ、隅っこに汚れが残ってる。もう一度洗わなきゃ」と二度手間になり、結構大変ですよね。かといって、これを放置したままにしておくと、次第に隅っこが茶色く着色してきて、漂白まで必要に。

「あぁ、こんな面倒な皿はやめだ！」と思い、隅っこがある四角い食器はやめ、丸くて軽い食器に全部買い替えました。

角をギューギュー洗わなくていいのって、本当に手間が省ける！　清潔感も保てるし、全部丸い形に揃えたので、収納もしやすい。

こういう家事にまつわるプチストレスって、「仕方がない」「こんなもんか」と、諦めがちではありませんか？　大きなストレスであれば一生懸命取り除こうと模索しますが、ていねいに洗えば済むような小さな問題は見過ごしがち。

家事は、こういった小さなストレスが積み重なっていくと、やりにくい↓なんか気が乗らない↓やりたくない↓でもやらなきゃ、と息苦しくなってしまうもの。

毎日やることなので、意識して解消方法を見つけておくと、「おっ、気持ちがいい！」と実感。家事へのやる気も増します。

ちなみに、丸い食器に替えたことでの収穫は、ほかにもあります。

丸い食器に買い替える時に、軽いものを選んだので、食器洗いを手伝ってくれる子ども達も洗いやすくなったと言います。隅っこの洗い残しがないかな～と横目で心配することもなくなり、その間に、私は別の家事ができるようになりました。

こうやってやめた

How

・丸くて軽い食器に買い替えた

やめた結果

Get

・洗いやすくなって食器を洗うストレスが減った
・整理収納しやすくなった
・食器洗いを安心して子どもに任せられるようになった

6

毎回、まな板と包丁を使うのやめた

包丁で野菜を切っていて、もうすぐ終わりそうという時に限って、子どもが泣く。おもらしをする。兄弟ゲンカをする――。「なぜ、今なの……？」ということ、ありますよね。また、包丁を使っていると、子どもが「お手伝いしたい！」と言ってくることもあります。

「ありがとうね！　うん、あの、でも、今は急いでて……」と私はモゴモゴ。子どもの手伝いたいという気持ちはうれしいけれど、包丁って危ないし。私に余裕がある週末ならば見守りつつ、一緒にできるけど、今は私1人でやった方が早いから、ちょっと勘弁してほしいなと。そうしている間にも、長男と長女は張り切ってエプロンを付け始め、次男は踏み台をキッチンに運ぼうとしている！

時間がない中でごはんを作る時、「切る」という作業は、なるべく飛ばしたい工程。野菜や肉に火が通る時間はなかなか短縮できないけど、形が多少雑になっても、スピード重視で切れば、早く終わらせることができる時短パートでもあります。

なのに、まな板と包丁を使おうとする度に、子どもとこんなやりとりをしているのでは、かなりのタイムロス。「包丁使うのやめたい！」。本気でそう思いました。

包丁とまな板を使う頻度を減らすために始めたのは、このふたつ。

①包丁がなくてもそのまま使えたり、手でちぎれる素材を選ぶ

切らなくていいもやし、手でちぎれるレタス、トマトはミニトマトにして包丁回避。果物なら、皮をむかなくてもいいイチゴ、サクランボ。皮ごと食べられるブドウ。

②切る時はまとめて一気に

何度も包丁とまな板を出して、洗って、片づけて……とやるのは効率が悪いので、切る時は一気に。キャベツ、玉ねぎ、にんじんは、時間がある時にまとめて切っておき、保存用袋に入れて冷蔵庫で保管。

使う時は、必要な分だけ袋から出すだけ。すぐに調理に取りかかれるので、ごはん作りがさらに簡単になります。

たったこれだけです。こうやって書いてみると、本当にちょっとしたことなので、無意識にやって

いらっしゃる方も多いと思うのですが、意識してやるようにすると、格段に効率が上がります。

意識しておくことで、買い物中に「そのまま使える食材にしよう」と思い起こすこともでき、ますます、まな板と包丁の出番は減っています。

こうやってやめた

How

・包丁で切らなくても使える食材を選ぶ
・「まな板と包丁を使う回数を減らそう」と意識する

やめた結果

Get

・料理に早く取りかかれるようになった
・がんばらなくても、無意識にラクな食材を選べるようになった

7

白いスポンジやめた

カレーのルーがベッタリとついたお皿。スポンジが黄色くなってしまうのが嫌で、洗うのをためらう……。本末転倒ですが、そう思っちゃう人、私のほかにもいませんか（笑）？定期的につけおき漂白だってやるし、スポンジのストックもあるんだから、ガンガン使えばいいのに（笑）。

そこで、白いスポンジをやめてみたら、そんなプチストレスから一気に解放されました。真っ黒のスポンジに替えたんです。

これで、シチューもカレーも、どんとこい！　細かいことをいちいち気にしなくていいって、気持ちいいものですね。

私が使っているのは、「サンサンスポンジ」というもの。1個あたり約240円と、100円ショップで買うよりは高いのですが、これでプチストレスが無くなるなら安いものです。

それに、ありそうでなかった黒いスポンジが置いてあると、なんてことないキッチンでも、スタイリッシュに見えるから不思議です。

実は、以前に台ふきんでも同じような悩みがありました。こちらは、カラッと乾く茶色いものが100円ショップで見つかったので、すぐに切り替えました。でも、スポンジだけは濃い色のものがなかなか見つからなくて、ストレスを抱えた状態だったのです。

P41にも書いたのですが、家事にまつわるストレスって意外と多いもの。我が家でほかに解消したプチストレスといえば……

①洗剤、液体せっけんのボトルをおしゃれなものに替える

洗剤のボトルは、大体が派手。それがいくつも並ぶと、見た目がごちゃごちゃしますよね。おしゃれなボトルに詰め替えるだけで、たちまち何度も見たくなるキッチンやバスルームに。

②シャンプー類を家族で共用して、数を減らす

夫用、子ども用、私用とわけると、シャンプーだけでも3本！コンディショナーやボディソープまで入れると、何本のボトルが浴室に並ぶことになるのか！

数があればあるほど、見た目は煩雑に、掃除も大変に。思いきって数を減らし、みんなで同じ物を使えば、ムダな出費も防げて一石三鳥！　ほかにも、台所洗剤を無添加のせっけんにして、ハンドソープとしても使っています。

新しく何かを増やすよりも、まずはいつも買っている物を見直して、交換する、減らす。こんなちょっとしたことから始めてみるといいかもしれませんね。

こうやってやめた

How

・白いスポンジを黒に替えた

やめた結果

Get

・汚れを気にせず、ガンガン使えるからストレスがなくなった
・家事のプチストレスに気づいて、ほかの物も少しずつ替えるようになった

8
大きい冷蔵庫　やめた

「あれ、これ賞味期限が切れてる……」「あ、こんな食材あったんだ！」冷蔵庫の中身が把握しきれていなくて、食材をムダにしてしまうことがあるのは、私だけではないはずです。本当にもったいないことをしていました。

その反省の念から一念発起して、冷蔵庫をスカッと整理。「よし、これからはすっきりした冷蔵庫内を目指すぞ！」と決意するんです。でも、また半年くらい経てば中身を把握できなくなり、食材をムダにしてしまうの繰り返し。

結婚する時、職場の先輩主婦の方に言われたことがあります。「冷蔵庫はなかなか壊れないから、今から子どもが生まれた時のことを考えて選んだほうがいい！」と。そして、いただいたアドバイス通りに選びました。大きな冷蔵室、その下に野菜室の大きな引き出し、切り替え室と自動製氷機の小さい引き出しがふたつあって、一番下に冷凍室。5人家族なら一般的なサイズかもしれませんね。

当時は子どものいる暮らしを、リアルに想像できなかったので、これが一般的というならこれでいいか、と購入。だから、一般的なサイズなのに、食材が管理しきれないのは私の性格の問題か……と思ったりもしました。

でも、ただ単にこの大きさが、私の管理できるキャパシティを超えていただけでした。フルタイムの仕事、子ども3人という私に、大きな冷蔵庫の中身を把握して管理するという余力が残っていなかったんですよね。

だから、大きな冷蔵庫をやめ、小さいサイズにしました。冷蔵室と冷凍室だけのシンプルなもの。
野菜室も、切り替え室も、自動製氷機もなし。高さも私の身長と同じくらいのコンパクトさ。

容量がないので、冷蔵庫にあるものを食べて空っぽにしないと、新たな食材を買いに行けない。**必然的に冷蔵庫の中身を効率よく使うようになります。**調味料やストックも、厳選して買うようになりました。

それにそもそも、食材があまり入らないので、整理整頓する必要もなくなりました。

子どもがいると自動製氷機は必要じゃないかって？　普段、子ども達が飲む麦茶も、私と夫が飲むアイスコーヒーも氷なしでＯＫ。冷蔵庫で冷やしてある飲み物だから、氷を入れなくても十分冷たいし、小さいコップにすれば冷たいうちに飲みきれます。飲み物が氷で薄まることもありません。週末のおでかけに使う水筒には氷があったらいいなぁと思うこともあるので、製氷皿をひとつだけ用意しています。

考える必要も、食材をムダにするストレスもなし！　私の努力はゼロ。ただ、冷蔵庫をサイズダウンするだけ。乱暴かもしれないけど、かなり手っ取り早い解決法でした。

こうやってやめた

How

・小さい冷蔵庫に買い替えた

やめた結果

Get

・努力しなくても、冷蔵庫の中身を管理できるから庫内がすっきり
・食材をムダにしなくなった

9

"誰々専用"食器 やめた

離乳食用の食器と食べさせるためのスプーン、軽くて両手持ちできるコップ、コップで飲む練習をするためのマグ、ストローの練習用のマグ、すべり止めがついた食べこぼしを防止するお皿、上手に持てるようになるためのトレーニングお箸……。

子ども1人のために、成長に合わせて、どれだけのスプーン、コップ、お箸、お皿を試してきたことでしょうか。1人目の時は、育児の何もかもが初めてでわからないから、とりあえず子どもの月齢に合わせた商品をすべて買っていました。子どもの成長に合わせた食器だから、使える期間は限られています。だから、また適したものを新しく買わなきゃいけない。エンドレスでした。でも、3人育てた今では不要だったとわかり、2人目からは普通の食器を使うようにしました。

でも、普通の食器を使えるようになってから、また新たな悩みが出てきたのです。

几帳面な10歳の長男、細かいことは気にしないけど探しものが苦手な7歳の長女、気まぐれに強いこだわりを発揮する4歳の次男……と異なるタイプの子ども達が、それぞれに気に入る食器を使っているものだから、それはそれは大変で。

長女：「私のお皿がな〜い」

私：「じゃ、このお皿使えば？」

長男：「それはオレのだよ。自分の使ってよ！」

私：「じゃ、これは？」

次男：「ダメ〜！」

私：「減るもんじゃあるまいし、ケチなこと言わないの！」

あ〜！　もうやめた、やめた！　赤ちゃん期の悩みが終わったと思ったのに、この気苦労はいつまで続くのだ！　もういらん！　手間がかかる！

　ということで、できるものは統一しました。そうしたら、数が減ったし、収納しやすい。何より、配膳を家族に頼みやすくなったのでラクになりました。

　それでも統一せず、あえて〝専用食器〟にしておいたものもあります。子どもの手のサイズに合ったお箸、お茶碗、子どものコップです。

　ちゃんとお茶碗を持ち上げて食べる習慣をつけてほしい。お箸も正しい持ち方を身につけてほしい。

食事のマナーは、子どものうちに身につけておかないと、大人になってから一朝一夕で変えられるものではありません。そのために、大人と同じものでなく、それぞれの年齢の子どもが持ちやすいサイズを用意しておきました。

子どものコップだけは、それぞれが自分で選んだ好きなものを使っています。全部統一できたらおしゃれなんですけど、それは母のエゴ。すべてを効率化と理屈で選ぶと窮屈ですよね。長男は自分で絵を描いたコップ、長女はテーマパーク内のレストランで食べたデザートのコップ、次男は大好きなヒーロー戦隊のコップを愛用しています。

こうやってやめた

How

・月齢に合わせた食器はいらないと身をもって感じた
・コップは子どもの好きなものを使わせることで満足させた

やめた結果

Get

・数を減らすことができ、収納に余裕ができた
・配膳がラクになったので子どもに頼みやすい

10
毎朝メニュー変えるの やめた

ごはんを作るのは嫌いじゃないのに、子どもが生まれてから嫌になった、という人いませんか？　私もその1人です！

子どもが生まれる前は、働いていても、ごはん作りを楽しむ余裕がありました。でも子どもができると、料理以外にもやることがたくさん！　ごはんを作る時間がなくても、気軽に「今日は外食にしようか！」なんてわけにもいかない。

子どものために、栄養をしっかり考え、野菜がたっぷり摂れ、飽きないように毎回違うメニューにしなきゃ……という母親としての責任をひしひしと感じていました。しかも、長男は食べ物アレルギーがあるので、外食ができないどころか、時短に便利な加工品も使えないことがあります。

お母さんにとってごはん作りが大変な理由は、ほかにもあります。それは子どもを連れて、スーパーへ買い出しに行く必要があること。店内で歩き回られると大変だから、買い物カートに乗ってほしいのに乗ってくれない。そして、店内にバァ〜ッと走っていってしまい、母、子どもを見失う（汗）。

運よくカートに乗ってくれたとしても、買い物カゴの中身を触る、落とす、つぶす。そして、勝手にお菓子を入れる（泣）。耐えかねてカートから降ろすと見失う……もうエンドレス！　私の方がイヤイヤ期だよと思っていました。

それで、料理が嫌になった……というか、疲れてしまいました。買い物をさっと終わらせたい、そしてごはん作りに悩みたくない。もっとラクになりたい！　そして、たどり着いたのは、毎日メニューを変えようとするのをやめること！　ある程度固定化しても気になりにくい朝食のメニューを、ざっくり決め込んじゃうことから着手。

山田家の朝食はこんな感じです。

①茹で野菜

ブロッコリーやにんじんなど、茹でるだけの野菜を用意。ドレッシングを変えれば、連日食卓に並んでも飽きません。多めに茹でれば冷蔵庫でストックも可能。ドレッシングいらずのとうもろこし、さつまいもも便利。

②そのまま野菜

トマトやレタスは、洗うだけでサラダ一品の完成。

③ソーセージ

冷蔵庫で日持ちするので便利。

④卵料理

スクランブルエッグ、目玉焼き

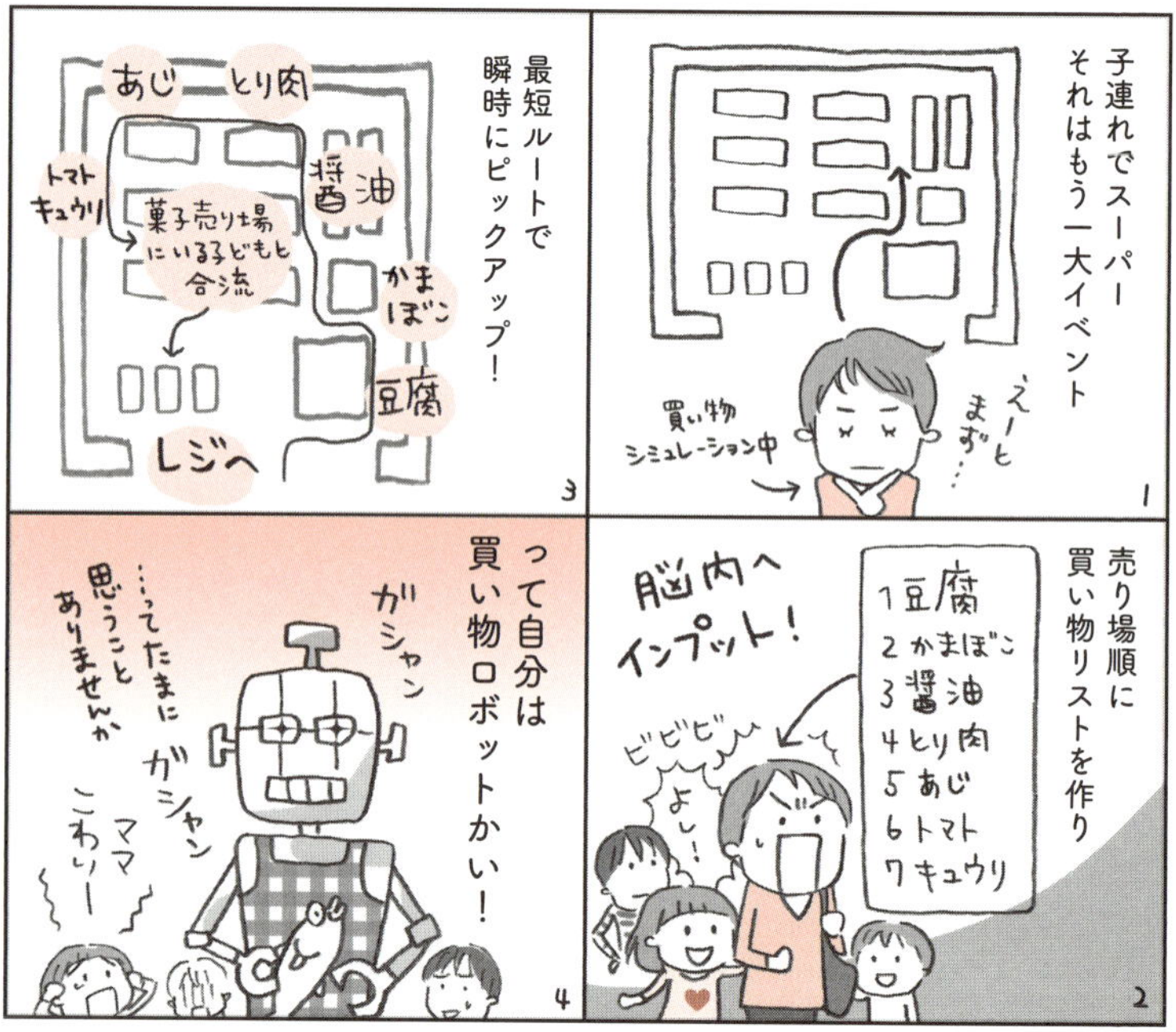

など、調理法が多いので毎日でも。

後は、白いごはんかトーストがあればいい。こんなふうに、ある程度メニューがざっくり決まっていると、ただでさえ時間のない朝に、何を作ろうかといちから悩む時間も無くなるし、買うものもほとんど決まっているから、買い物時間の短縮にもなります。

毎日メニューを変えないと決めるだけで、逆に余裕が生まれて、フレンチトーストにしたり、にんにく、オリーブオイル、塩を混ぜたものと茹で野菜をパンにのせ、とろけるチーズをかけた豪華トーストにしたり……という日もできました（笑）。

こうやってやめた

How

・調理に手間と時間がかからないメニューにした
・ドレッシングと調理法で飽きない工夫をした

やめた結果

Get

・毎日朝食に悩む時間が減った
・子連れでの買い物のストレスがなくなった

11

ガスコンロを多用するのやめた

１人目の息子が歩き始めたのが、なんと生後10ヶ月。周りからは、「すごいね～！」と言われましたが、むしろ危険でしかありませんでした。

歩けるようになっても、まだまだ10ヶ月の活発な男の子。当たり前ですが、まったく会話が成り立たないうえに、注意しても無視。そして、安全に作られたすばらしいおもちゃよりも、生活の中の刺激（危険）が大好き。ゴミ箱、スイッチ、引き出しなどがあるキッチンも、子どもの格好のターゲットに……。

私が料理をしている間は、ベビーゲートをつけてキッチンに入ってこられないようにしていましたが、笑顔でゲートをつかんで、明らかにこちら側を狙っている（笑）。そして、叫ぶ、泣く……。泣かれるとこっちもかわいそうになって、キッチンに招き入れる――。が、入れたら最後、もう大変な暴れっぷり！　というわけで、まったく料理が進みません。

でも逆に、キッチンにこもっている間、子どもの姿が見えないとそれはそれで不安。火のそばは離れられないから、長時間の煮込み、揚げ物は夫がいる週末だけにすることに。

まったく火を使わないなんて無理でも、平日はなるべく火を使わないで済む方法はないだろうか……。子どもが大きくなった今でも、ガスコンロの前に立っている時間を減らし、その間にほかの用事を済ませたいのが本音。でも手作りごはんという点には妥協したくない……。

そこで、ガスコンロを使うことを意識して減らしてみました。

すると意外にも、ガスコンロの多用をやめてみても、冷凍食品を使わないで済んでいるし、そもそもたくさんのレパートリーは必要なかったとわかりました。

セットしたら後は放置しておける、オーブンレンジや炊飯器に頼ればいいだけだったんです。

たとえば、

①鶏肉のパン粉焼き

オリーブオイル、パン粉、パセリ、にんにく、塩を混ぜたものを、生の鶏肉にのせて耐熱皿に入れたら、オーブンレンジで焼くだけで完成。

味つけを変えれば、様々なバリエーションを楽しめます。

②炊き込みごはん

通常通りの水加減で用意したお米に、鶏肉、にんじん、しいたけを入れて醤油とみりん（お米1合

に対して、それぞれ大さじ1）を入れて炊飯するだけ。

後は、野菜スープか、味噌汁があれば大丈夫！

子どもがいると、外遊びで泥まみれ、おもらしなど、「何はともあれ、お風呂が先だ！」という緊急事態が多々起こります。そんな時にも役立つ調理法ですよ。

こうやってやめた

How

・オーブンレンジ、炊飯器を使ったレシピを活用

やめた結果

Get

・子どもと過ごす時間が増える
・困った時もスムーズにごはんが作れる

気持ちの手抜き①

先のことを心配しすぎない

３人の子どもを育てて、ようやくわかってきたのは、「まだ起こっていない先のことを心配しすぎないでいい」ということ。

子どものオムツがなかなか取れなかったらどうしよう。周りの子と比べて、まだ歩かない、まだしゃべらない……などなど、お母さんの心配ごとにはキリがありません。できないのは親のせいだと、自分を責めてしまうことさえあります。

以前の私もそうでしたが、今のお母さん達はきっとがんばりすぎ。ただでさえ忙しいお母さん。だから、ムダな心配はしなくていいんです！　心配事の８割は、悩んでも変えられないこと――。何かが起きた時に対応できる、肝っ玉母ちゃん的なドンとした気構えがあればそれでよし！

子どもなんて、いつかオムツが取れます。いつか歩けるようになります（歩いたら歩いたで、目が離せなくて大変に……）。いつかうるさいほどしゃべるようになります（笑）。

私自身あれこれ心配していたけれど、どうにかやってこられたし、それ以上に、予想外のことがどんどん発生していくのが子育てですよね。

だから、先のことを心配しすぎて悩むのをやめました。そうやって肩の力を抜いたら、目の前の小さいことも楽しめるようになったんです。

3章

掃除・洗濯・収納術やめた

12

洗濯物たたむのやめた

私が子どもの頃、洗濯は私の仕事でした。洗濯機が止まると、今やっていることを中断して干しにいかなきゃいけない。この中断をされるのが苦痛で、洗濯が苦手でした。

洗濯機のフタをパカッと開けて、中から紐をスルスル〜ッと伸ばしたら……洗濯物がその紐にくっついていて、その紐を柱に結べば物干しは完了——。「ドラえもん」を見ていた影響で、きっと未来にはこんな商品が出ているんじゃないかな！　と、子どもながらに妄想していました。しかし、そんな商品は未《いま》だなく……、残念です（笑）。

我が家には子どもが３人いるので、洗濯物の量はかなり多いです。長男がサッカーをやっているから、なおさら。将来、長女、次男も部活を始めたら、洗濯物の量がとんでもないことになるんだろうなと想像できます。

洗濯って、洗い終わるまでは自動でやってくれるのですが、そこから先は人の手が必要です。干し終わっても、乾いたら洗濯物をたたむ、そして各自の収納に仕分けるという手間が発生。ちょっとしたことなんですが、この手間を「ドラえもん」のひみつ道具みたいに、なんとかできないかなと思っていたら……、簡単な解決方法が見つかりました！

①トップスはハンガーで干してそのまま収納できるよう、ハンガー収納に変更

私がラクになるだけでなく、子ども達が自分で収納まででき、洋服も選べるようになってほしいという期待も込め、子ども３人それぞれにハンガー収納のスペースを用意。

②靴下、ボトムはバスケットに入れるだけ

各自靴下は４足くらい、ボトムは各季節のものを３～４本くらいに減らして、それぞれ所定のバスケットにガサッと入れるだけ。

③パジャマと下着は、脱衣所の引き出しにしまうだけ

それぞれ所定の引き出しをひとつ作り、中をふたつに仕切ったら、下着とパジャマをたたまずに入れるだけ。

各自下着も3～4枚、パジャマも季節に合ったものだけを2着しか入れていないので、引き出しはスカスカ。子どもが多少適当に入れてしまっても、溢れることはありません。

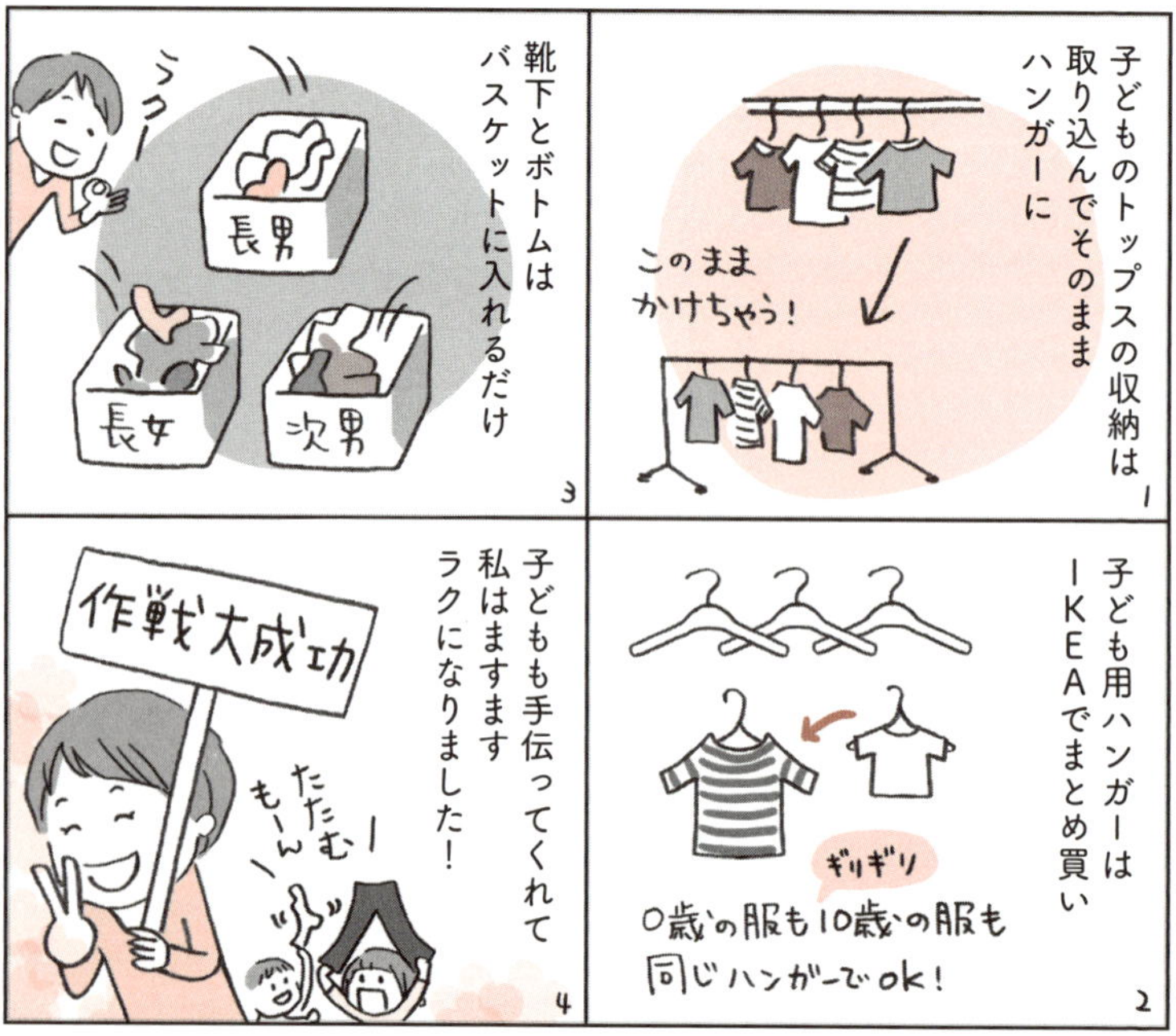

とても簡単なシステムなので、洗濯物を寝る前に渡して「これ、自分のところにしまって」と言えば、2歳頃から自分でできるようになりました。自分のスペースがあるというのも、子どもにとってはうれしいみたいですね。

私も助かるので「ありがとう」とお礼を言うと、また喜んでやってくれる。とにかくいいこと尽くめです！

こうやってやめた

How

・トップスはハンガーで干してハンガーのまま収納
・ボトム、パジャマ、靴下などをポイッと簡単に入れられるスペースを用意

やめた結果

Get

・たたむ手間が減り、ラクになった
・簡単な収納になったので、子ども達が自分でしまうようになった

13

バスタオル　やめた

夫婦ふたりだけの時は、少しくらい洗濯をサボっても、週末にやれば追いつけていました。でも子どもが3人になり、長男はサッカーを始め、長女はしゃれっ気づいて一日に何度も着替え、次男がトイレで失敗する時期が重なると、容量の大きな洗濯機を毎日1、2度は回す必要が出てきました。

そうなると、シーツやバスタオルの洗濯は後回し。週末に洗うことになります。乾くのに時間がかかるから、サボったらバスタオルが不足するという事態に……。

でも、正直週末は朝から家族で出かけたい！　バスタオルの洗濯で時間をつぶしたくない。ついでに言っちゃえば、洗濯はできるだけ簡単にしたい！　バスタオルは週末まで放置せずに、こまめに洗いたい！

なんとかならないかなと悩んだ挙句、バスタオルそのものをやめることにしました。はじめは、ギリギリ身体に巻けるくらいのタオルへ、サイズをダウン。するとそのサイズでも問題ないとわかり、さらにサイズダウン。今では、洗面台で使っている長方形のフェイスタオルで身体を拭いています。

このサイズなら、洗いやすいしすぐ乾く！　ストレスもありません。なんで今まであんなに大きなバスタオルを使っていたんだろう？　と思うほど。**当たり前になっていることでも、見直せるものがあるんだなと大きな気づきになりました。**

プールや銭湯、旅行へ行く時は、水泳でよく使われる、薄型の吸水速乾タオルのミニサイズのものを持っていきます。

おかげで普段の洗濯も、おでかけ後の片づけもすっかりラクになりました！

さらに、もうひとつの気づき！それは、タオルを小さいサイズにしたら、子ども達も使いやすいようで、自分で身体や髪の毛を上手に拭けるようになったのです。

これまでは、自分で拭こうとしてもバスタオルとの格闘になり、そのうち裸のまま遊び始める。そして、私が怒る。しかも全員、裸のまま……。そんな悪循環が、毎日のようにあったのに、タオルが小さくなった途端になくなりまし

た！

「そっか、大人の物をそのまま使うのは、子どものストレスになることもあるよな」と改めて反省。

そして、大人が子どもサイズに合わせて使うパターンもありだなと思い、家族で使うヘアドライヤーも、小さいサイズに変更しました。

どうやめたか

How

・少しずつサイズダウンして、問題がないか確認した

やめた結果

Get

・洗濯がラクになった
・子どもが自分で身体や髪の毛を拭くようになった
・そのほかの、子どもの不便さにも気づけるようになった

14

掃除機やめた

子どもが学校や幼稚園から帰宅すると、家の中は一気に砂だらけ。子どもがごはんを食べると、テーブルの下には食べこぼしの山。子どもが遊ぶと、折り紙の切りくずや使いかけの段ボールが散乱……。おもちゃを出しっぱなしにするなんて当たり前……。
子どもと生活するってことは、一向に家が片づかない、そして毎日新たな汚れが発生するということ。

私が掃除機をかけていると、子ども達の「私がやる！」「オレがやる！」事件が勃発。

コード式の掃除機なのにコードレス掃除機のごとく引っ張り、電源プラグが抜ける。加えて、当初は独身時代に買った掃除機を使っていたので、紙パックの交換や補充の手間もありました。

だから、ついに掃除機を買い換える時期がきた時はうれしかったですね。

もちろん、コードレス充電式の掃除機に即決！　なかでも吸引力があって、稼働時間が長いものをチョイス。ちょっと重いけれど、前よりは断然使いやすい！　やった〜！

と思ったのは私だけではなく、子ども達も然《しか》り。だから、「私がやる！」「オレがやる！」事件はその後も勃発……。掃除機がコードレスになったので、電源プラグが抜ける心配はなくなりましたが、今度はちょっと重いから、2階まで持って行くのが少し大変……という新たな悩みが生まれたのです。

最新のものを手に入れても、すべてが思うようにはいかないものだと悩んでいた時、雑貨屋でかわいいほうきを発見！　レデッカー社のほうきです。

見た目がおしゃれだから、壁に立てかけておいても絵になるのがいいなと、気軽に買ったのですが……思いのほか使いやすくて、今はもうこればかり使っています。丈夫でまったく藁が抜けないのもいい。

そのほうきは、普段2階に置いてあります。1階に降りる前にまず2階をサッと掃き、階段を下りるついでに、階段を掃く。1階についたら階段に立てかけておいて、次に2階へ行く時に、1階も掃いてから持って上がる。

夜寝る前にちょっと掃除したいという時に、騒音を気にせず使うことができるのも利点です。

「さぁ、掃除タイムだ！」という気合いを入れなくても、何かのつ

いでにサササッと掃除ができちゃう、ほうきの気軽さたるや！　掃除機を使っていた頃は、昼のうちに掃除しないと……と考えてしまい、窮屈に感じていたのですが、ほうきにしてからは気づく度に、こまめに掃除するように。気が向いた時に、何かのついでに……マイペースで気楽にやれるっていいですね。

こうやってやめた

How

・出しっぱなしにしてもよいほうきを一本だけ購入
・何かのついでにほうきで掃除をするようにした

やめた結果

Get

・掃除がラクになり、こまめに掃除するようになった
・"掃除タイム"を決めなくてもよくなり、プレッシャーから解放された

15

ゴミ箱　やめた

本来、家をきれいに保つために必要なゴミ箱。ですが、この〝ゴミ箱そのものの汚れ〟って気になりませんか？　子どもが少し大きくなってくると、自分でゴミを捨てます。分別はしっかりと、プラスチックゴミは中身をきれいにして、と教えていても、相手は子どもも。すぐにできるようにはなりません。

そうすると、ゴミ箱そのものが汚れるので、ゴミ箱を洗う必要が出てきます。ただゴミ箱を洗えばいいだけなのですが、家中のゴミ箱全部を洗うとなると結構大変なのです。

もういっそのこと、ゴミ箱をやめたい。よし、やめてみよう！

ということで、段階的に家にあるゴミ箱を減らしていくことに。今は1階に大きめのゴミ箱が1個。2階に小さなゴミ箱を1個。家の中のゴミ箱はこれだけにしました。

たった2個だから、ゴミ箱をきれいに保つのもラクちんで快適！　2個しかないので、ゴミ集めや仕分けもあっという間に終わるようになり、随分ストレスが減りました。

さてさて、キッチンでよく出る「食品トレーなどのプラスチックゴミ」「生ゴミ」「缶・瓶・ペットボトルなどの資源ゴミ」はどうしているのか？

ここも、ゴミ箱そのものが汚れるのが嫌だったので、汚れが溜まりやすい〝箱〟をやめ、袋やバスケットで代用しています。

・プラスチックゴミ

プラスチックゴミは、食べ物の汚れを落としてから捨てる食品トレーなどが多いので、キッチンの引き出しにビニール袋を設置し、調理中にポイポイ入れていきます。1日の終わりになったら、家の外に置いてあるゴミ袋スタンドに持っていきます。

・生ゴミ

生ゴミは、新聞紙を折って作った箱に入れます。新聞紙なので、水気を吸ってくれるし、においも出ません。生ゴミ入れだけでは自立しないので、見た目がかわいいホーローバケツに入れています。1日の終わりに生ゴミ入れだけを捨てれば、手も汚れません。

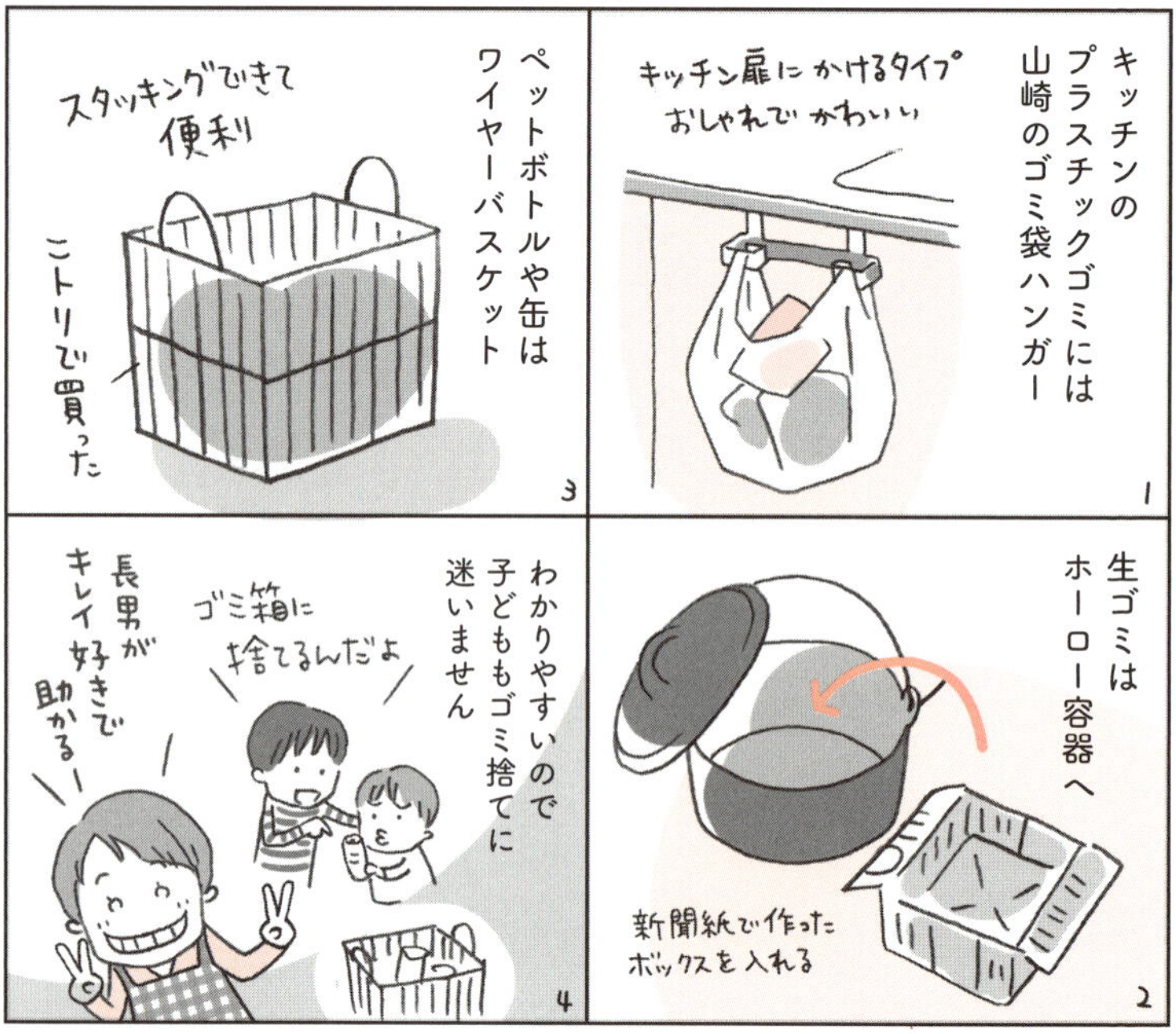

・資源ゴミ

以前は家の中にゴミ箱があったので、資源ゴミの汚れが気になって……。今はキッチンで洗って乾かしたら、家の外のバスケットに入れるようにしています。目の大きなステンレス製バスケットなので、容器の中の水も切ることができて便利です。

ゴミ箱を減らすと、手間も一気に減ります。また、見た目がおしゃれなものをゴミ箱代わりに活用するのも、分別を継続させられる秘訣かもしれません。

こうやってやめた

How

・家の中のゴミ箱を段階的に減らしてみた

・汚れがたまる"箱"をやめて、袋とバスケットを使用

やめた結果

Get

・家の中のゴミ回収がラクになった

・家族のゴミ捨て管理がしやすくなった

・ゴミ箱を洗う手間が減った

16

毎回しまうのやめた

そんなに広い家じゃなくても、物をしまうためにあちこち移動するのって、結構な負担じゃないですか？

我が家はせまいけど2階建ての戸建てなので、物をしまうために階段で1階と2階を往復することもしばしば。

たとえば、2階にいる時に、1階のリビングに置いてある本が読みたいとします。すると、本を取りにいき、2階に戻ってくるのに1往復。読み終わって片づけるのに、また1

往復……。

ほかにも、乾いた洗濯物をしまうために、パジャマとタオルはこっち、洋服はあっちと、横への移動も出てきます。こんなことが1日に何度も起こるから、結構大変！

出しっぱなしにしておくと部屋が散らかりそうで嫌だから、ちゃんとその都度片づけたい。だけど負担になる……。


これがプチストレスで困っていましたが、簡単に解決する方法を見つけたのです！　このおかげで、毎回しまうのをやめられました。


それは〝移動カゴ〟をひとつ、用意しておくこと。持ち手がついた大きめのカゴです。

カゴを1階に置いておき、後で2階に持っていきたいものがあればその都度入れていきます。そして、2階に用事がある時にカゴを持って上がり、それぞれの場所へしまう。

次は、2階に持ち上げたカゴに、1階に下ろしたいものを入れていき、1階へ降りるタイミングでカゴも一緒に持っていく。


たったこれだけで、すごくラクになりました！

まず、物をしまうために、1日に何度も家の中を動き回る必要がなくなりました。そして、物をすぐに定位置には戻すわけではありませんが、カゴの中に入れておくので散らかることもありません。

さらに、私がカゴを2階へ上げるのを忘れてしまっても、家族に「カゴ持ってきて〜」と言えば伝わります。もっと言うなら、子ども達に「これどこにおけばいい？」と聞かれても、「カゴに入れておいて〜」と答えれば済みます。

おすすめのカゴは、置きっぱな

前は大きめのバッグを使っていました
ベトナム製
プラスチックのショッピングバッグ
1
バッグを持ったまま階段を上り
うんしょうんしょ
3
次男がまだ2歳の頃
大きいよー
うんしょうんしょ
お手伝いしたい盛り
2
落ちる事件が多発！
わーっ
あぶねーー
ってことで　今のカゴに落ち着いた次第
4

しにしていてもインテリアになじむ自然素材で、出し入れしやすいように開口部が大きいもの。深さがあると詰め込みすぎてしまうので、直径40センチ、高さ20センチくらいのものが使いやすいと思います。

こうやってやめた

How

・しまいたい物をまとめて放り込んでおける移動カゴを用意した

やめた結果

Get

・毎回しまいに行かなくてよくなった
・効率よく家事が回るようになった
・家族に協力してもらえるようになった

17

掃除の時間をきちんと作るの

やめた

「掃除をする時間を決めて習慣化しています」。

すてきな家事本を読んでいると、掃除時間を決めている方が多いことを発見。

なるほど！　時間を決めてしまえばやるかも！　そう思って、まずは掃除項目をピックアップ。

簡単なトイレ掃除は毎日、床まで綺麗にするていねいなトイレ掃除は週末に、キッチンの床掃除は毎日、網戸は月に1回、などなど……。

掃除の必要な箇所をピックアップし、それを「毎日」、「週末」、「月1」、としっかり振り分けました。その時はやる気満々。時間を決めただけで「お〜すごい！」と、すでに掃除をしたかのように自己満足していました。でも、もちろん挫折しました（笑）。

平日のお母さんはバタバタ。仕事をしていてもいなくても、誰よりも朝早く起き、子どもを幼稚園や保育園に送り、仕事があればいそいそと出勤。帰宅したら、夕食の準備をして、子どもを寝かしつけ、時には子どもと一緒に寝落ち。

そうなると必然的に、週末に掃除が集中します。最初はやる気満々だから、「働く母は週末に掃除するのよ」と意気込んでいたのですが、週末は家族が全員揃う貴重な時間。みんなで出かける前に、山のような掃除項目をなんとか終わらせようと私は必死。でも、子ども達は待ちきれなくて先に夫と公園へ……。私は1人残り、掃除をすることに。

もし休日丸一日出かけたら、その分の掃除はいつすればいいの？　という不都合さも出てきました。こうして、楽しみなはずの週末が「あ〜週末だから掃除しなきゃ」と、憂鬱になっていったのです。

だから、掃除の時間をきちんと作るのやめました。今は気が向いた時だけ！

「それで本当に家がきれいになるの？」と思うかもしれませんね。もちろん、ホテルやモデルルームのようなきれいさではありませんが、家族が気持ちよく暮らすには十分です。掃除は洗濯と違って、こだわりだすといつまでも続いてしまうもの。また、すてきなお母さんたるもの、いつでも家がピカピカじゃなきゃという気持ちもあるかもしれません。

だから、「掃除の合格ライン」を自分で決めました。私の場合は「気持ちよく、ストレスなく過ごせるか？」が基準。3時間おきに

授乳する赤ちゃんがいる時や、自分や家族が病気の時は、そのハードルをグッと下げていいと思います。部屋が少しばかり汚くたって、赤ちゃんや家族のお世話、身体の休息の方が大事です。余裕が出てきたら、自然と掃除に気が向くようになります。

今では、週末になると「よし、雨だから掃除するぞ～」「よし、今日はお弁当持って1日公園へ行くぞ～！」「衣替えの時期だから、今日はみんなで掃除DAYだ～！」と、家族一緒に楽しみながら、できる時に掃除をやっています。

こうやってやめた

How

・自分が納得できる掃除の合格ラインを明確に決めておく
・雨の日や、衣替えの時期などに、家族で楽しみながら掃除をする

やめた結果

Get

・週末のバタバタから解放
・「掃除やらなきゃ！」というストレスがゼロに

18

便利グッズ買うのやめた

世の中にはたくさんの便利グッズが溢れています。なかでも、家事育児の不便さを解消する目的のものは非常に多く、みんな困っていることって一緒なんだなと、妙に親近感がわいたりします。そして、なんだかラクになりそうと思い、つい買っちゃいますよね！

私も便利グッズをたくさん買いましたが、結局使わなくなった物もあります。

- みじん切りが簡単にできる道具→道具の出し入れと洗うのが手間だった
- 突っ張り棒で収納スペースを増やす→つけ方が悪く倒れてくるので使い勝手が悪かった

・幅が広がる水切りカゴ→広げるのが手間で、結局広げずにそのまま使っていた
・冷蔵庫の奥まで届くストッカー→意外とストッカーに入れるほどのものがなかった
・ごはんケース→ケース自体を洗うのが苦痛になりラップで対応
・子ども用食器→わざわざ買わなくても、大人の小皿で十分対応できた
・離乳食作りセット→包丁、まな板、撹拌機で十分
・チェアベルト→あまりに活発な息子には合わず、椅子ごとひっくり返る(笑)

これ、今まで買ってきた便利グッズで失敗した、ごく一部です。この5倍は軽く買っています……。

「これで大変な家事や育児が、ラクになるかも!」。そう思い何度手にしたことか。でも、結局使いこなせない。だから、ある程度の失敗を経て、ようやく便利グッズに手を出すのをやめられました。

私がムダにしてきた便利グッズを改めて見直してみると、少しの手間と時間をかければいいだけなのに、便利グッズを使って力技で解決しようとしていたことに気づきました。

そう、便利グッズが悪いのではなく、ちょっとした手間と時間さえかけることができないのに、無理やりやろうとしていたことが問題だったのです。

確かに、子どもが小さい頃は、落ち着いて食事作りをするのが難しいことが多々あります。そういう時、みじん切りが必要な料理を作り通そうとするから、ついグッズに頼りたくなる。**でも、そんなバタバタしている時は、みじん切りの必要がない、ほかの料理にすればいいだけ。**子どもが少し大きくなり、授乳やケンカで呼び出さ

れることが減ってから、みじん切りが必要な料理を増やしていけばいいんです。

一生やめるわけじゃない。今、手の込んだ料理はお休みの時期。いつか再開する――。それでいいと思います。

そんな気持ちになれたから、無理やり解決しようと思わなくなりました。

便利グッズに頼りたくなる――。それはもしかしたら、がんばりすぎのサインかもしれませんね。

こうやってやめた

How

- 便利グッズで解決しなきゃいけないほどの無理をしないようにした
- 便利グッズが欲しい時はがんばりすぎかもと思うようにした

やめた結果

Get

- がんばりすぎることが減った
- 便利グッズが欲しい気持ちが消え、ムダな出費がなくなった

19

マット敷くのやめた

かわいいラグマットは、見ているだけで楽しい気分になり、置くだけで部屋の印象も変わりますよね。特に、キッチン、脱衣所、洗面所用の小さいサイズのものは、手頃な価格の物が多いから、ついつい買ってしまっていました。赤ちゃんが寝転がるベビーマットも必要だよね！　と疑わずに用意していました。

だけど、子どもが増える→裸足で歩く人が増える→マットが汚れる→週末の洗濯が大変というループに、いつの間にかはまっていったんです。

それに、マットが敷いてあると掃除が億劫《おっくう》になります。マットを持ち上げるだけなのに、そのひと手間があるだけで「マットの下はまた今度でいいか」となりがち……。

それでも、洗面所や脱衣所にはマットがあるのが当たり前だと思い込んでいたし、キッチンも床が無垢材なのでマットは必要だと思い、使い続けていました。


でも、今の我が家はマット〝ゼロ〟。2人目以降はベビーマットもなし。

きっかけは、洗面所のマットを買い換えようと思い、ひとまず撤去した時のこと――。そのすっきり感と掃除のしやすさにびっくり！「マットがないだけで、こんなにラクなんだ！」と気づいたら、どんどんマットをやめたくなりました。


「脱衣所」はマットがなくても、お風呂場で身体を拭いてから出れば問題ありませんでした。床が少し濡れたら、お風呂上がりにササッと拭いて完了。

「キッチン」は汚れやすい場所。でも、汚れを落とすのは、マットより床の方がラク。無垢材の床だって、ガンガン使って味わいが出るのが魅力だから、マットなしに。

「トイレ」は掃除方法を教え、家族みんなで掃除することできれいを保てば、マットなしでも問題ないと判明。

なかでも、最後までやめられなかったのが、男が3人の我が家では汚れがどうしても気になるトイレでした。

　そんな時、建築士の男性と家の間取りについて打ち合わせをしていて、トイレの話に。「男って、トイレを汚してもどうすればいいかわからないから、そのままにしちゃうんですよね。どうすればいいかわかれば、ちゃんと掃除しようと思います！」と。本当か？　と一瞬疑いましたが、確かに言われてみればそうだ。掃除しやすい環境にした方が、きっと私もやりやすい――。

　それを機に、子どもが3歳になる頃から、子どものトイレを手伝うついでに、掃除方法を教えるよ

うに。すると意外や意外、子どもにとってはトイレ掃除が楽しいみたいで「掃除やる！」と自ら言うほど！　私も教えるついでに、掃除がひとつ済むのがうれしい。

改めて考えてみれば、トイレのマットを洋服と分けて洗濯機で洗うのって大変ですよね。マットなしにして本当に正解でした！

もちろん、子どもが大きくなり育児に余裕が出てきたら、リビングにおしゃれなラグを敷くのもいいなと思っています。でも、今お気に入りのラグを敷いたら、子ども達が汚した時に必要以上に怒ってしまいそうなので、またいつかの楽しみにとっておきます。

こうやってやめた

How

・マットの洗濯より、サササッと拭くことの方が簡単だと気づいた
・子どもに掃除を教えて自分の負担を軽減

やめた結果

Get

・掃除がラクになった
・子ども達が掃除を積極的に手伝ってくれるようになった

気持ちの手抜き②

子育てをがんばりすぎない

私の友人がこのタイトルを見たら、きっと「あなたに言われたくないよ」と笑うでしょう。それくらい、以前の私の子育てはがんばりすぎでした。

仕事で帰りが遅い夫、相談できる実家もない、初めての育児。すべて私にかかっている！　なんと責任重大！　と勝手に決めつけ、自分で自分を追い込んでいました。

ベストな子育てを求めて、育児書を買い漁《あさ》りました。赤ちゃんとの過ごし方、発育発達、離乳食、言葉がけ、ベビーマッサージ、赤ちゃん手話など、ありとあらゆる本を読み、本のとおりにやれば間違いはないだろうとがんばる。でも心のどこかでは「これでいいのかな」と不安な気持ちに……。

そしてある時、気づきました。知識ばかりを増やしてしまったことが、不安を拭えない原因であったと。育児書に“何ヶ月頃には何ができるようになる”と書いてあったらそれと比較してしまい、我が子ができていなかったら悲しいし、できるようになっても時期が遅れると素直に喜べない。数日前、数ヶ月前の子ども自身と比べたら、天才的に伸びているのに！

それからは子ども自身を見て、周りと比べないようにしました。我が子は天才だ、かわいいなと、ただの親バカでもいいんです。それができるのは親だけ。愛情を注ぎながら、自分達親子のペースで過ごしていけばいいのだと思います。

4章

時間をかけるのやめた

20

テレビ観るのやめた

「今何時かな……」と時間を確かめるためにテレビをつける。仕事から帰ってきたら、まずテレビをつける。家にいる時は、とにかくテレビをつける。

そんなふうに、電気をつける感覚で、テレビをつけてしまうことはありませんか？

我が家では、常に観ていることが当たり前だったテレビを、思いきって捨てました！とまでは言えませんが、なんとなくテレビをつけて、だらだらと観るのをやめました。

かく言う私も、独身時代は毎日テレビ漬け。朝起きたらまず時計代わりにテレビのスイッチをＯＮ。仕事から疲れて帰ってきても、最初にするのはテレビのリモコンをピッ。今思えば1人暮らしだったので、寂しくて何か音が欲しかったのかもしれません。また、テレビをつけることが、仕事モードをＯＦＦにする手段でもありました。

でも、テレビをつけっぱなしの生活は、すべてが〝ながら作業〟になるので効率が悪いのなんの。独身時代はそれでよくても、結婚して子どもが生まれてからは、仕事に家事、子育てと忙しく、「1分もムダにできん！　夜は早く子どもを寝かせたい！」と思うので常にフル回転。そんな中でテレビなんてついていたら、いつまでも終わらない状況に。

この状況を打開するにはテレビをやめるのが一番だと思い、実行。すると、集中して家事ができるので効率がいいし、意外とテレビを観なくても寂しくないんですよね。**よくよく考えると、「これが観たい！」という目的もなく、ただなんとなくつけていただけだったので。**さらにテレビを観ると、家族や仕事、自分のことでパンパンな状態の頭の中に、さらに新しい情報が入ってきて、知らぬ間にストレスになっていたこともわかりました。

だけど、家族や子どもがいると、テレビをまったく観ない生活は難しいですよね。子どもが楽しみにしているアニメもあるし。そこで我が家では、「テレビを〝だらだら〟観ない」ための工夫をしました。その方法は単純に、〝テレビを視界にいれない〟だけ。何かを我慢するのって大変ですよね。ダイエット中、目の前にお菓子があったら食べたくなるのと同じで、目の前にテレビがあったらつけたくなるのが人間の性《さが》。

だから、テレビを布で隠すようにしました。たったこれだけですが、子ども達にも効果は絶大で、テレビを観たいと言う回数が激減。

もうひとつ大事なのは、リモコンを出しっぱなしにせずに、テレビから少し離れた場所に定位置を決めて収納すること。こうすることで、テレビが観たいと思ったら、布のカバーを外して、離れた収納棚まで行き、リモコンを取り出さなければなりません。それってちょっと面倒ですよね。この面倒さのおかげで、「なんとなくテレビをつける」、「だらだらとテレビを観る」をなくすことができました。

こうやってやめた

How

・テレビにカバーをかける
・リモコンの出しっぱなしをやめて、定位置にしまう

やめた結果

Get

・ながら作業をしなくなり、家事の効率がよくなった
・不必要な情報が入ってくることがなくなり、ストレスも軽減

21

家の中でスマホ見るの　やめた

朝、ほかの家族よりも先にひっそりと起きる。誰も起こさずに、寝室からの脱出成功！

「お〜、今日は寒いなぁ。何着ようかな……。えっと、今日の天気は……」と、スマホで検索。「えっ？　あの女優と俳優が結婚？　つき合ってたの知らなかった〜！」。ニュース記事が目に入り、そこからネットサーフィンがスタート。

またある時は、仕事の前にちょっとメールチェックを……から始まり、気になるニュースに釣られて、メール確認だけのつもりがネットサーフィンに。

そしてズルズル見ていたら、あっという間に30分以上経過……。これ、以前の私です。

スマホがあると、なんとなく見てしまい気づけば30分、1時間経過。そうしている間に、子どもが起きてくる。スマホを見ていなければ、もう身支度をして、朝食の用意くらいは終わっていたはずなのに！　と落ち込んでは、懲りずにまた同じことをやってしまうという繰り返し。

もう、落ち込んでばかりいるのは嫌だ！　スマホばかり見ていても、何もいいことない！　やめよう、スマホ見るの。

そう固く決意し、家の中でスマホを見るの、やめました。

そしたらもう、予定がスル～ッと終わる！　仕事がはかどる！　子どもの話がゆっくり聞ける！　やめてみてわかりました。無意識のうちに、どれだけスマホを見ていたか。

では、どうやってやめたのか。根性？　強い意志？　それがあったら始めからスマホをいじってないです（笑）。では、いったいどうしたのか？　朝、寝ぼけた頭でスマホを手にしたら、そりゃニュースサイトを見ちゃいますよね……。だからまず、目覚まし時計を購入し、スマホを目覚まし時計代わりにするのをやめました。意外かもしれませんが、これだけで朝時間のムダが減りました。

それでもまだ、日中はすぐにスマホを手に取ってしまう。だから、自分の目に入らない場所に置いておくことにしました。たとえば、夕方、家に帰ってきたら、キッチンやリビングを中心に過ごすから、洋服のクローゼットの中にスマホを入れてしまう、というように。とにかく、すぐに手に取れないようにしたんです。

それでも、生ぬるい！　自分で隠し場所を知っているから取りに行ってしまう、という場合の最終手段。それは、子ども達が学校から帰ってきたら、「スマホ隠して」とお願いすること。案外上手に隠すので、私には隠し場所がまったくわかりません。

この原稿は早朝に書いているのですが、今も自分のスマホがどこにあるか知りません。

これなら強い意志なんて必要なし。環境から変えてしまうのが手っ取り早いですよ。

こうやってやめた

How

・スマホを目覚まし時計代わりにしないよう、目覚まし時計を買った
・スマホの場所がわからないように、子ども達に隠してもらった

やめた結果

Get

・家事、仕事がはかどる
・子どもとゆっくり話をする時間が増えた

22

着る服を朝考えるのやめた

「今日は暑いんだっけ？　寒いんだっけ？　あの服着たいけど、公園に行くから汚れると嫌だし……。あ、もうこんな時間！　ごはんの支度しなくちゃ。もういいや、今日はこれ着よう」と、時間がない状態で朝、着る服を決める。すると、その時はいいと思っても、このコーディネート、やっぱりピンとこない……という気分を引きずって一日を過ごすことありませんか？

「今日、何着ようかな」と迷うのは、とても楽しい時間ですよね。でも、それは時間がある時に限ります。朝、お母さんはやることが山積み。分刻みのスケジュールの中で、着る服をゆっくり考える時間を毎日とるのは難しいもの。

迷う時間を減らすために、あまり好きではない洋服、似合わなくなった洋服を処分し、数を厳選しましたが、それでもやっぱり迷う。なんでこんなに時間かかるの？　そして、なぜコーディネートに失敗してしまうのか——。

その理由はすごく単純。それは……「朝」だからです。寝ぼけているうえに、時間がない。そりゃ、迷うし、イケてないコーディネートにもなっても仕方がない。

だから、前日の夜のうちに洋服を決めておくことにしました。おかげで朝の時間を有効に使えるし、好きな洋服を着ているので、気分よくスタートできます。

でも、効果はそれだけではありませんでした！

夕食を食べ終え、お風呂にも入り、後は寝るだけという一日の終わりに、ゆっくりと洋服と向き合う自分時間。これが、なかなか幸せな気分をもたらしてくれるのです。

以前の私の夜時間は、「やっと今日の家事が全部終わった〜」と伸びをするやいなや、読み聞かせの本が3冊、目の前にボンッ！　ひと息つく暇もなく、今度は子どもが寝る支度のスタートです。本の中には、ひたすら電車が200台載っている図鑑という、疲れ身には無茶な1冊も……。勘弁してくださいと、10台目くらいで交渉。

その間に、後ろで兄妹ケンカが勃発。「ケンカするなら外でやんなさい！」とひと声かけつつ、なんとか読み聞かせを再開。絵本3冊を読めば、私も当然眠くなり、子ども達と寝落ち。気づけば寝るまで自分だけの時間がない。

でも、夜のうちに翌日の洋服を考えることで、気持ちが少し満たされたのです。たとえ、後ろで子どもがワーワー騒いでケンカしようが、**コーディネートを考えるたった3分、自分のことだけを考える時間を持つ。**これだけで予想以上に気持ちがリセットされ、気分が上がります。その洋服を見ながら「明日もがんばろう！」とまた気合いを入れるのです。

今では、子ども達も私のマネをして、夜のうちに翌日の洋服を用意するように。寝室に洋服が4セット。心も温まる楽しい風景です。

こうやってやめた

How

・夜のうちに翌日の洋服を決めるようにした

やめた結果

Get

・忙しい朝の貴重な時間を有効に使えるようになった
・イケてないコーディネートで落ち込むことがなくなった
・夜、「自分のことだけを考える時間」で一日をリセットできるようになった

23

早起きをがんばるのやめた

自然と目が覚めるんですよ、早朝に。誰もいない静かな部屋、1人で起きてゆっくり身支度をして、まだ暗い外を見ながらコーヒーを……。

あぁ、これ、私のことじゃなくて、私の理想です。すてきな人、仕事ができる人は、ほぼみんな早起きしている気がして、私もそうしたいとずっと思っていました。

しかし現実は……まず起きたら、自分の身支度は後まわし！　朝食を作り始め、洗濯機を回すついでに子ども達に声をかけて起こしつつ、朝食ができてきたら、まだ寝ぼけまなこの子ども達をトイレに送り込み、時にはおむつを替え、子ども達を着替えさせる。そして、顔と手を洗うように言って、テーブルセッティング。夫にも手伝ってもらい、家族そろった頃に、ピーピーと洗濯終了の合図が。ひとまずみんなに食べさせて、授乳したり、干したり、こぼしたものを拭いたり……。「あ〜もう時間だよ！　お友達が呼びに来たよ！」「いってらっしゃ〜い」。は〜、今日もなんとかセーフ、という感じ……。

しかも、家族を送り出した後の私を見てみると、まだパジャマのまま！　誰よりも早起きして働いているというのに、私が一番だらしない人のよう。しかも、夫の帰宅は夜遅いので、平日はパジャマの私しか見ていない。嫌だ。もう嫌だぞ、これ！

この生活を脱するためには、やっぱり早起きが必要だ——。

〝おめざ〟を用意したり、朝にシャワーを浴びて目を覚ましたり、着替える洋服を事前に用意して、冬なら起きた時に部屋が暖かくなっているようにエアコンを設定して……。やっぱり、早起きって大変なのねと思いながらも、ただひたすら努力するしか方法はないはず……。でも、どうしても途中で二度寝しちゃうんですよね。いつになったら早起きの習慣が定着するんだろう、と悩むばかり。

それならと、朝早く起きようとがんばるのをやめてみました。

でも、今は4時から5時に起きています。資格の勉強などをしている時期は3時起き。お気に入りの服に着替えて、水を1杯飲み、身支度をして豆乳をたっぷり入れたコーヒーを飲んでシャキッとしたらお仕事スタート。1〜2時間集中して仕事をしたら、洗濯を回しつつ朝食の準備。子ども達を起こし、家族全員そろっていただきます！

今のこの状況、「やった〜！理想通りだ！」と毎日満足しています。

さて、早く起きる努力をやめたのに、なぜ早く目が覚めるのか？　**それは……夜早く寝るから**。これに尽きます！

十分に睡眠時間がとれていれば、朝早くに自然と目が覚めます。だから、早起きをがんばるのではなく、夜早く寝るようにしただけ。

当たり前ですが、早起きよりも早く寝る方が簡単です。朝、早く起きるからまた早く眠くなる。子ども達も私が同じタイミングで寝るのがうれしいようで、4人でくっついて寝ています。

こうやってやめた

How

・夜、早く寝ようと決めた
・早起きだけをがんばろうと思わない

やめた結果

Get

・早寝早起きに身体が慣れた
・自分の時間もとれるようになった

24

その日の予定を当日の朝に決めるのやめた

働くお母さんにとって、子どもが起きてくるまでの朝時間って、かなり貴重じゃないですか？　その時間、おおよそ1時間〜1時間半。その間に、何をどれだけ終わらせておくことができるかで、日々の生活のラクさが大きく変わってくるほど。

朝起きてから、まずその時間に何をするか、考え始める。もしかしたら、いつもより早く子どもが起きてくるかもと焦りながら、貴重な時間を有効活用するために、何から手をつけるのがベストか悩む。まず、この仕事をやってみるかとスタート。でも、頭の中では

「あっちの仕事が先だったかも」、「いや、その前に朝食を用意してから仕事を始めたほうがよかったかも」とあれこれ考えてしまい、結局集中できない……。

そうこうしている間に、子ども達が起きてくる。今日の貴重な朝時間、終了(涙)。

でも今は、迷わずに朝時間を有効に使えるようになりました。朝の起床時間も変えていないのに。

「その時間に何をやるか」。それを、朝起きてから考え始めるのをやめたからです。前日のうちに全部決めておくことにしました。

はじめは、「やるべきこと」をピックアップしてリストにするだけでした。でも、これだけだと、あれもこれもやらなきゃいけない気になり、いろんなものに中途半端に手をつけて、結局、「あれもこれも終わっていない!」とストレスに……。

女性は、複数のことを同時にやるのが得意なんて言いますよね。でも、それが逆にあだとなり、あれもこれも気になって、目の前のことに集中できなくなり、効率が悪くなってしまうこともあるのです。

そこで決めたのは、「優先順位」と「所要時間」です。ピックアップしたリストに、それも一緒に書き添えることにしました。

①やることをすべて書き出したら、優先順位をつける
②書き出した項目のそれぞれに、必要な所要時間を割り出して書く
③タイムスケジュールを組む

優先順位をつけることで、順位1番目のことが終わるまで、2番目以降のことは考えないように進めることができます。ひとつだけのことに集中できるから、効率よ

くできるんですよね。
また、タイムスケジュールを組むところまでやると、朝のうちにできる量かどうかが現実的にわかります。できないことは、夕方や夜にやるか、翌日に回せばいいのです。このシステムにしてから、焦らずに落ち着いて、やるべきことに取り組めるようになりました。

こうやってやめた

How

・やることをピックアップする
・優先順位と所要時間を決める

やめた結果

Get

・あれもこれもやらなきゃ、と焦らなくなった
・優先順位の高いものから終わらせられるから、すっきりする

25

小言を言うのやめた

子どもと一緒にいると「あー、汚れちゃう」「それ絶対、コップ倒れる」「靴が左右反対だ！」「そのコーディネートどうなの？」など、「もっとこうしたら？」ということが山ほど起こります。子どものためを思って注意しているのに、なぜか言っていて嫌な気持ちになったり、モヤモヤすることがあります。

他人に迷惑をかけたり、不快にさせたりするようなこと、マナー違反、危険なことは理由を伝えて止める。これは親の役目だと思っているし、言っていても別にモヤモヤしない。

じゃあ、なぜイライラすることがあるのだろう？

それは……私の言っていることが小言だったから──。子どものためを思って言っていたのではなく、恥ずかしい話ですが、私の都合が悪くなるから言ってしまっていることでした。自分軸でしか考えていないことを、子どものためだからと誤魔化しているから、モヤモヤしていたんです。

大人は経験上、こうしたら、こうなるだろうなという予測ができます。汚れて掃除したり洗ったりするのは結局私。だからどうしても先回りしてやめさせたくなる。注意を聞かなくて、実際に汚れたりすると「ほらみろ～だから言ったでしょ～」と言ってしまう。

でも、思い返せば私も子どもの頃には、洋服にアイスクリームを垂らしていたし、食器を割ったこともあります。子どものうちは、「あっ、そうか。ここに置くと倒れるのか」「こうやって食べると汚れるのか」と、経験を積んでいる真っ最中。子どもにそれをやらないように言うのはナンセンスだと気づきました。

だから、何か言いたくなったら、それが子どものためを思っての「叱る」なのか、自分の都合で言っている「小言」じゃないのか？　と、しっかり考えるようになりました。

そうすると、子どもに注意する回数がガクンと減りました。そして、イライラすることも、怒ることも、小言を言うこともやめることができたのです。

子どもの失敗は、成長する過程において必要な経験をしているだけのことであって、私がとやかく言って従わせることではない。そう思うと気持ちがすっきり。

子どもが上着を前後逆に着ようが、問題なし。背中が寒いことに本人が気づいたら、ちゃんと着るようになるものです。すごく変な洋服のコーディネートでも、変だと思っているのは私だけで、本人

はおしゃれだと思っているし、誰にも迷惑をかけてない。お茶をこぼしても、本人がショックを受けているので、私がくどくど言う必要なし。

もちろん掃除や洗濯が増えてキツい時もあります。でも、それは次の段階の話。先回りして小言を言うのではなく、本人に経験させ、何か失敗したら、それを片づけるのを手伝ってもらうようにしました。

私も小言を言わなくていいし、片づけさえ手伝ってもらえればイライラだってしなくなりました。

こうやってやめた

How

・自分の都合が悪くなるから言っている「小言」と、子どものためを思って言っている「叱る」を区別するようにした

やめた結果

Get

・怒るようなことがなくなった
・家族に頼れるようになった

26

家計簿つけるのやめた

結婚、退職、子どもの誕生、入学・入園……。ライフスタイルが数年単位で大きく変わるので、何度も家計を見直す必要に迫られました。

ならば、まずは家計簿だよね！　と、気合いを入れて家計簿を買い、やる気満々でつける。だけど、2週間でほぼ挫折……。なんとか1ヶ月継続しても、反省点に気づき、少し気をつけたら、それで満足して終了。いつもこんなパターンでした。

はじめは気合い十分で毎日つけるのですが、徐々に手が止まり、気がつけば3日分、1

週間分と放置していたり。溜まった時点でやる気はダウン。それでもがんばってつける。だけど、一気にまとめてつけるから、せっかくの家計簿効果が半減。だって、家計簿って、日々のお金を把握して、「まだ15日なのに支出が多いな。気をつけよう」とコントロールすることに意味があるんですものね。お金を使った後に見直しても、ちょっと遅い。

それに、長続きしない理由はほかにもあります。節約モードになりすぎると、今度はお金を使うことを必要以上にセーブしてしまい、毎日の生活がなんだか楽しくなってしまうんです。また、市販の家計簿にある項目が、自分の価値観と合っていないことも多くって。たとえば、私は衣装代、美容代という項目は毎月必要ないのに、たいていの家計簿には入っています。そのかわりに、本が大好きなので書籍代はしっかり把握しておきたい。でも、その項目は無いことがほとんど。

結果、今は家計簿をつけていません。でも、自分の価値観に合ったことに有効にお金を使い、ムダな出費は抑える、納得のいくお金の使い方ができるようになりました。

その方法はたったの3ステップです。

①いくら持っているのか把握する

預金、現金、株、保険などの「資産」とローンなどの「負の資産」もすべて確認。今、どれくらい資産があるのかを把握する。

②1年間の収入予定、1年間の行事を元に支出予定を立てる

ここが一番大事。1年間でやりたいことをすべて書き出す。子どもの誕生日祝い、帰省、家具の買い替えなど、小さなイベントもすべて書き出し、それぞれに予算をつけます。ここで浮かばないことは大事なことではないので、〝なんとなくの支出〟を抑えることができます。

③お金の支出を考えなくても、コントロールできる体制を整える

手をつけない口座と、使ってもよい口座に振りわける。クレジットカードを持つと、お金の把握が大変になるので、現金のみで生活しています。時には、クレジットカードがどうしても必要になる場面も出てきますよね。それは「デビットカード※」で対応。

※代金が即時に銀行口座から引き落とせるカード

これで、お金の流れがシンプルになり、余計な出費を抑えることができました。何より、気持ちよくお金が使えるというのが一番の収穫です。

こうやってやめた

How

・1年間の行事をあらかじめ書き出して予算を確保する
・クレジットカードを持たず、ムダ遣いしない環境を整える

やめた結果

Get

・自分の価値観に合ったお金の使い方ができるようになった
・ムダを省きつつ、お金を気持ちよく使えるようになった

27

銀行に行くのやめた

「銀行に行くの忘れた〜！」

「この時間は手数料がかかる」

「なんでこんなに混んでるの？　あっ、今日はお給料日か！」

〝銀行あるある〟ですよね。

我が家は駅から徒歩15分。職場も自宅近くにあるので、自宅、保育園、職場は10分圏内。

だから、日々の行動は近場だけで済んでしまいます。しかし銀行は駅前。利用手数料がかからない時間帯かつ、特に混雑する月末、月初を避け、わざわざ駅前まで行かなきゃいけない。普段の生活圏内から外れるので、いつ行くのかを決めるのが結構、面倒。

ということで、銀行に行くのやめました。こういうちょっとした用事が減るって本当にラク！　たいしたことないように思えて、積もり積もると意外と負担になるんですよね。

やめた方法は簡単です。現金のみの予算内で行動するだけ。

銀行には月に1度だけ行き、1ヶ月分の予算を下ろしたら、後はそれだけで生活をします。予算ごとに袋分けをしていた時期もあったのですが、今は1ヶ月分まとめて家計用の財布に入れ、財布の中の現金と残りの日数を考えて使うようにしました。

単純ですが、これで問題なし！　最後に財布に現金が残っていたら、貯金箱に入れてリセット。ちょっとしたゲーム感覚で楽しんでいます。

しかし、当初は家計簿をもとに考えた予算なのに、オーバーしてしまうことがありました。ムダ遣いはしていないし、贅沢をしているつもりでもないのに、予算オーバー……。

その原因はズバリ、「これは特別だから支出」でした。子どもの誕生日やちょっとしたお祝いなど、家族や友人関係のことはもちろん、行きたいライブが出てきたり、突然家電が壊れたり……。正当な理由だからと判断し使っちゃうんです、「これは特別だから」と。

確かに必要な時に使うのはいいんです。でも、それで予算オーバーしてしまうのは防ぎたい。そんな時は、P130で紹介した3ステップの2番目、「支出予定」の部分を見直してみてください。誕生日はお祝いしたい、友達へのプ

レゼントの予算を確保したい、家電をそろそろ買い替えたいなど、すべてを予算化しておくことで想定外の支出がなくなり、月に1度だけ銀行に行けば、1ヶ月現金で過ごせるようになりました。後は便利なネットバンクも開設し、活用しています。

こうやってやめた

How

・キャッシュカードは持ち歩かない
・銀行は月に1回しか行かないと決める

やめた結果

Get

・銀行に行く手間を削減できた
・ムダな出費を抑えることができた

28

1人時間を捻出するのやめた

「自分の時間が欲しい……」。子どもが生まれると、どんな親でも一度は抱く願望ではないでしょうか？　とにかく忙しい子育てや家事に追われる毎日。誰でもそう思いますよね！　私もそうでした。

子どもはかわいいし、大好き。家事育児が嫌だというわけでもない。でも、自分の時間が欲しいのです！　私は実家というものがなく（1人っ子、母子家庭育ちで、母は私が長男を妊娠する前に他界）、夫の実家は新幹線に乗らないといけない場所に。気軽に子どもを預けるということが難しい状況でした。

私が病気や出産の時は、もちろん認可外の保育園などに頼りましたが、自分の時間がちょっと欲しいという理由では、子どもを預けるためにたくさんの手間のかかる申込み手続きや準備をがんばる機動力にはならず、まぁいいかと我慢。夫が休みの日に預けたりもしたのですが、勝手な話で恐縮ながら……本当に大丈夫かなと私が落ち着かない(笑)。でも、やっぱり自分の時間は欲しい……と堂々巡りでした。特に長男が生まれた直後は、自分でもどう息抜きすればよいのかわからず困っていました。

結局、1人時間を無理に捻出するのをやめました。でも、以前のように「自分の時間が欲しい」と思うことがなくなりました。だって、ちゃんと自分の時間があるから！

なぜなら、別に子どもと離れなくても、1人きりにならなくても、長時間じゃなくても、〝自分のための時間〟が確保できればよかったということに気づいたから。

それがわかってから、こまめに〝自分のための時間〟をとるようにしました。たとえば買い物に行きたいと思ったら、まずは隙間時間に手軽なネットショッピングを楽しんだり、雑誌を買って読んだり。新しい本が読みたい時は、買いに行く時間がなくても、電子書籍なら新刊も楽しめる。日々の小さな楽しみをなるべく増やしました。

また、やりたいことを具体的に、そして小さくポケットサイズにするのも有効です。私は自分の店を持つのが夢だったので、そのために必要な資格を取得するのに、テキストを切り取りポケットサイズにして、出先で子どもがベビーカーで寝たら、そのままカフェに入

って勉強するなど、合間に自分のやりたいことがすぐできる状況を作っていました。

1回あたりの時間は5分、長くて30分だったとしても〝自分のための時間〟があると、すごく満足できたんです。時間はかかりましたが、子どもを持ちながら、念願だった店を開くことができたので、隙間時間もバカにできないですよね。

こうやってやめた

How

- 1人きりにならなくても〝自分のための時間〟をこまめにとるようにした
- やりたいことを具体的に、小さく、ポケットサイズにした

やめた結果

Get

- 1人時間が欲しい！　と思うことが減った
- 家族との時間を大事にしながら、夢もかなった

気持ちの手抜き③

早期教育は必要ない

就学前から幼児教室に通い始める子もいます。小学校に上がると、塾や習い事に通っている子が増えてきます。小学生なのに中学生の内容まで習っていると聞くと「すごい」と思いつつ、うちはこのままで大丈夫かなと焦る時も……。

そんな時、ある塾経営者3名の対談記事を読みました。その中にあった「塾に通うのは何年生からがいいのか」という質問の答えは3名とも同じでした。

「塾は高学年からで十分。それまでは外遊びをしっかりやって体力をつけることが一番大事。家で机に向かう習慣は“その子の学年×10分”でいい。勉強する好奇心、めげずに問題にくらいつく自己肯定感、集中するための体力は、すべて外遊びで身につきます」ということ。

世の中、いろんな説や考えがあるし、何が正しいかなんてわかりませんが、我が家はこれを指針にして子育てをしていこうと決め、見守っています。

そして、我が家の場合、習い事もほとんどさせていません。本人が興味をもったものがあればやらせますが、途中で本人が合わないと感じたらやめていいと思っています。

いつか子どもに合っているものが見つかったら、時間を忘れて夢中になるはずだから。

5章

部屋のつくりにこだわるのやめた

29

たくさん物を持つのをやめた

人の脳みそには限界がある。その人によってキャパシティは違うし、経験や努力によって変わりますが、やはり「これ以上はもう無理！」という限界値は誰にでもあります。

朝起きて、洗濯して、子ども達に朝食を食べさせ、時間どおりに送り出すだけで、その日の脳みその限界値の半分近くは使っているような気がします。夕食やお風呂の時間になると、もう搾りカス状態です。最後の絵本読み聞かせで完全に限界値超え。

何かとやることがてんこ盛りのお母さん。だから、自分の体力をなるべく有効に使いたい！　このための一番簡単な方法が〝たくさんの物を持つのをやめること〟でした。

実際に物を減らしてみて、メリットに感じたことはこのふたつ。

①ムダに迷わなくなる

物が少ないと迷わなくなります。あれはどこにしまったっけ？　と探し物をする時間も減ります。選択肢が少なくなればなるほど、悩まずに済むから、頭がラクになるんですよね。その分、必要なことに頭を使えます。

そして、実質的な数も少なくなるから、洗濯も掃除も食器洗いも、何もかもが圧倒的にラクになります。

②集中しやすい

目の前がたくさんの物で溢れていると、それが気になって集中力が続かないことがあります。一度切れてしまった集中力を戻すのは至難の業。

だから、初めから集中力が切れないように、机の上の物を全部無くしています。すぐ使う物でも、視界に入らないように棚に置くなど、とにかく目の前に物を置かないようにしています。

これは、子どもの食事の時も同じです。食卓の上に余計な物があったり、何か気になる物が視界に入ってきたりすると食事に集中できません。

だから我が家では、キッチン前にダイニングテーブルを置いて、そこで食事するようにしました。これなら、リビングのテレビもおもちゃＢＯＸも目に入りません。

物を減らす。思った以上の効果があるので、引き出しひとつ分か

らでも始めてみる価値があります。
完全に捨てると思うと躊躇《ちゅうちょ》してしまいますが、「今だけやめてみる」「お試しでやめてみる」「壊れたから、次に必要になる時まで買い替えるのを待つ」と考えれば実行しやすいですよ。

こうやってやめた

How

・洋服、食器、書類系から減らす
・「今だけ」、「お試し」、「買い替えを延期」と思うとやりやすい

やめた結果

Get

・頭が疲れなくなった
・やるべきことに集中できるようになった

30 ベッド やめた

シンプルで大きなベッドがどーんと置いてある。ほかには大きな家具が何も置いていなくて、すてきなスタンドに本が数冊。そして、壁には1枚の絵。窓からはすてきな景色が見えるというのが、憧れの部屋です。だから、これまでずっとベッド派でした。布団の上げ下げもなくてラクですから。しかし、それは結婚して子どもが生まれるまでの話……。

子どもが生まれて同じベッドで添い寝するようになると、ベッド程度の高さでも、子どもが落ちないか怖くて怖くて。ベッドガードをつけても、隙間から落ちやしないかハラハラ。実際に落ちたこともあります。

でも、布団を直に床に敷くと、湿気がこもりそうだしと思い、低くて安心なすのこタイプのベッドに変更。心配は減ったけど、やっぱり数センチの段差でも落ちる時は落ちる！　しかも、掃除の時はベッドを持ち上げなければならないので、普通のベッドより大変な一面も……。

そして、掃除の時にちょっと上に乗ったら、バキッとすのこの板を折ってしまったのです。仕方なく同じ物をもう一度買いました。なのに、また同じ失敗をしてバキッと……。さすがに2回目に折った時「我が家には向いていない！」と思い、すのこベッドをやめ、布団で寝ることにしてみました。

すると、思いのほか快適！　子ども3人が大きくなって、もうベッドから落ちる心配がなくなった今も、ベッドはやめたままです。

そもそもベッドをやめようと思ったきっかけは、子どもがベッドから落ちるのを避けるためだったのですが、ベッドを置いてしまうと、部屋の用途が寝室に限定されてしまうことに気づいたんですよね。

今寝ている大きな部屋は以前、衣装部屋として使っていました。子どもが増えた今は、家族5人の寝室に。将来は子ども部屋になるかなと思っています。それか、受験生になったら勉強部屋。大きくなって子どもが巣立ったら、夫婦の部屋になるのかな。

その時々で、子ども達がどんな主張を持つようになるのかさっぱりわからないし、自分自身のやり方も気持ちも予測できません。だから、家の中でクルクル引っ越しするような、融通の利く部屋にしておけたら理想的だと思っていま

す。

そうなると、やっぱりベッドはいりませんでした！

気になる湿気問題は、少し厚めの三つ折りマットレスの下に除湿シートを敷くことで対処。そして、朝起きたらマットレスを立てておくだけ。掃除も簡単になり、マットレスを動かせば寝室以外の使い方もできるので、とても身軽になりました。

こうやってやめた

How

・ベッドの代わりに、厚めの三つ折りマットレスを使うようにした

やめた結果

Get

・掃除がラクになった
・用途を寝室に限定せず、部屋を自由に変えることができるようになった

31

ソファ　やめた

テレビの前にソファを。本を読むならソファで。寛ぐならソファで。ソファはリビングにあるべき、定番家具だと思っていました。子どもが生まれてすぐの時、長時間授乳する際はソファがあって本当に助かりましたね。

しかし、授乳が終わり、子どもが大きくなってハイハイし出したらソファは物の避難場所になり、歩き出したら危険エリアになり、安心して歩けるようになったらトランポリン状態に……。

同時に、私は平日の昼間は仕事に出ているので、帰ってきたら夕食、お風呂、寝かしつけと怒涛《どとう》のように過ごし、なかなかソファに座る時間がありません。週末は掃除したり出かけたりすることも多いので、ゆっくりソファに腰を下ろすことも少ない生活になってきました。そして、代わりに子どもが活動するスペースが欲しくなってきたのです。

だから、「ソファをやめてもいいかな」と考えるように……。そして、それを後押しする大きな要因が見つかりました。それは、夫が夜遅い時間に帰ってきて、置いてある夕食を食べ、ソファでテレビ見ながら撃沈、そして朝までそこで寝てしまうこと。

疲れているから仕方がないのかもしれませんが、ソファで寝るから結局疲れが取れないという悪循環。大きなお世話ですが、はた目で見ていてもすごく気になっちゃうんです。

しかも、夫はお風呂に入らず寝ちゃうので、朝にシャワーを浴びることになります。シャワー浴びる分、早めに起きてくれればいいけど、子どもと同時かそれより遅く起きる夫。でも朝って、子どもがいると一番時間がタイトで、やることがてんこ盛り。だから、夫に一番手伝って欲しい時間帯。いや、その場にいて子ども達の相手をしてくれるだけでいいのに。本当、頼むよ！

そこで、夫にソファで寝るのをやめさせたら、夜のうちにお風呂に入ってくれて、布団で寝て疲れも取れ、朝は協力してくれるかも！　と思うようになりました。

　どうすればいいんだろうと考えていたら、「ソファがあるからいけないんだ」という乱暴な結論に至った私。ということで、ソファを完全に撤去。捨てました！

　そうしたら、最初は固い床でもめげずにリビングでテレビを観ながら寝ていましたが、さすがに身体が痛くなるようで。途中で目が覚め、布団で寝るようになりました。やった〜、一歩前進！

ソファが無いと、掃除もラクだしほこりもたたない！　子ども達も広々と遊べます！
荒業ですが、同じような悩みをお持ちのみなさん、効果絶大のこのワザ、いかがですか？

こうやってやめた

How

・いつかソファにゆったり座れる生活がくるまで、撤去

やめた結果

Get

・掃除がラクに、部屋が広くなり、子どもが遊びやすくなった
・夫が夜、ソファで居眠りしなくなった

32 おしゃれなインテリアにこだわるのやめた

子どもが生まれて、家にいる時間が増えたら、インテリアに興味がでてきて、本をたくさん読むようになりました。国内外のおしゃれな部屋を見ては「世の中、こんなにおしゃれな家があるんですか？」と衝撃を受けました。

そして憧れ、「家族もできたし、これからみんなで長く使っていくインテリアや家具にはこだわりたい！」と気合いが入りました。リビングにこんな棚があったらおしゃれだな、クローゼットはこんなデザインで……と妄想が膨らみます。

だけど、おしゃれなインテリアや家具よりも、子どもが使いやすい部屋の方が大事なのではと気づく出来事がありました。

我が家では本棚がリビングにあったので、どうしても見た目がごちゃごちゃするなと思い、ほかの部屋に移動し、さらにカバーで本をすっきりと隠したことがありました。すると、あれだけ毎日のように本を読んでいた子ども達が、パタリと本を読まなくなってしまったのです。

部屋の仕組みで子どもの行動が変わるということを発見し、おしゃれなインテリアだけにこだわるのをやめました。

ごはんを作りたいのに、子どもが遊んでほしいとキッチンに来るから何も進まない。そんな時は、キッチンの隣に子ども用のミニキッチンを置きました。すると、子どもはお母さんと一緒でうれしいと喜び、そこでおままごとをしている間に料理が進みます。

大きくなって子ども部屋を作ることになった時も、ベッドが視界に入らない向きに机を置くと、集中して勉強するようになります。勉強机の引き出しの一段は空っぽにしておくとやりかけのノートを入れられるから、机が散らかることもありません。

子どもがのびのびと過ごせて、片づけの習慣がつく部屋をこちらが用意すれば、ムダに叱らなくて済むし、自分もラクになります。

子どもの成長は著しいですよね。月齢に合わせた部屋のレイアウトや、家具が必要になってきます。洋服ダンスや食器棚など、それ専用に作られた家具は便利ですが、値段も高くなりますし、不必要になった時に処分しづらいものです。

そんな時は、ＩＫＥＡやニトリ、ネットショップで買えるお手頃価格のものを活用したり、自分でＤＩＹしてみたりするのもおすすめ

です。

我が家では、棚板の高さが簡単に変えられるIKEAのキャビネットを、ある時は本棚として、またある時は子どもの荷物を入れる棚として愛用しています。

こうやってやめた

How

・子どもの月齢に合わせて、定期的に部屋の中を見直すようにした

やめた結果

Get

・子どもを叱ることが減った
・家事育児がスムーズになった

気持ちの手抜き④

よい母、よい妻であろうと思わない

“献身的で模範的な親になんてならなくていい、正直な親であり、そう生きてください。それで十分だと思います”

これは母が残してくれた遺書にあった一節です。私がこれを読んだのは20代。妊娠もしていなかったので、当時はこの文章の意味を理解できませんでした。

その後、第1子を妊娠・出産。気が強くて、負けず嫌いの私が「よい妻、よい母」を目指して突っ走ってしまうことを、母は予想していたのでしょう。大当たりでした。

よい妻、よい母を目指すことで、結果的に子どもや私自身が苦しくなりました。周りのお母さん達をはた目で見ると、余裕でこなしているように見えて、なんで私だけうまくいかないんだろうと劣等感を感じる。でも、話してみると、大変なのはみんな同じだと気づきました。よい母たるもの、よい妻たるものはこうだから……という理想像なんて無意味でした。育児や毎日の生活は予想外の連続ですから。

それよりも、必要な時は子どもに素直に謝れる、見栄を張ったり問題から目を背けたりしない正直な親でいることが大事。それならできる。1人の人間として、目指したいことだから。

6章

理想だけを求めるのやめた

33

子どものことをやりすぎるの

やめた

子どもが大きくなったら育児がラクになるというけど、全然ラクにならない。「寒いから、今日はこれ着なよ」「先にこっちをやった方がいいんじゃない？」と、つい手を出しすぎてしまうのです。

子どもがやるより私がやった方が早いから、子どもが失敗すると困るから……。つい手出しをしたくなるけれど、そうしていては子どもがいつまでも自分でできるようにならない。

だから、子どもの服を私が選んであげるのをやめました。子どもが散らかしたおもちゃを私が片づけるのをやめました。子どもの失敗を先読みして、対処するのをやめました。

手が出そうになるのを我慢するのは大変ですが、見守るのが大切なんですね。

そのために、子ども達が自分でできる環境を整えるようにしました。子どもが洋服を自分で選ぶためには、まず高さの低い棚が必要ですよね。洋服の量が多すぎると子どもにはわかりにくいので、数を減らすことも大事。たたんでいると見づらいので、ハンガー収納にするとなおよさそう。

散らかしたおもちゃを自分で片づけさせるためには、親の声かけも大事だと感じます。ただ「片づけなさい」と言っても、子どもは大人のようにどうすればいいかすぐに判断することができません。言い方を変えて「ブロックを赤い引き出しにしまいましょう」と伝えれば、子どももどうすればいいのかわかるので動いてくれます。

そして、こうやって自分でできるようになると、子ども自身も「できた」という満足感が得られ、自主的にどんどんやってくれるようになります。

今ではお風呂上がりに、長男が私の代わりに次男の身体を拭いてくれたり、ベビーマッサージをやってくれたりするほど。

手をかけすぎるのをやめたことで、私がどんどんラクになっていくとは思ってもいませんでした。

もちろん、子どもが助けを求めてきたら、一緒に考えるし、サポートもします。でも、まずは見守る！　肝に銘じています。

そして、我が家では、子どもがお手伝いをしたいという気持ちも大切に考えるようになりました。最初は食器洗いを手伝ってくれて

も、水を出しっぱなしにしたり、私1人でやる時の何倍も時間がかかったり。うまくいかないこともたくさん発生しますが、そこはひたすら我慢。

長い目で見ると、将来子どもがどんどんお手伝いをしてくれるようになるし、子ども自身のためになります。

手を出したくても、ぐっと我慢。それが、子どものためにも、自分のためにもなるんだと実感しています。

こうやってやめた

How

・子どもが自分でできる環境を整えた
・子どもへの声かけの仕方を意識した

やめた結果

Get

・子どもが自分のことを自分でできるようになった
・お願いしていなくても自主的にやってくれることが増えた

34

夫に期待しすぎるのやめた

誰でも初めての育児の時はプレッシャーや戸惑い、不安や疑問などで自分に余裕がなくなることがあると思います。私はカフェを開く前、スイミングコーチをしていたので、子どもと接することには慣れていましたが、それでも先生として子どもに向き合うのと、自分の子どもの育児では、まったく違いました。それに、産後は体調が崩れやすくなるし、人によっては寝不足の日が続きます。

そういう理由からか、結婚して夫とふたりだけの時には発生しなかったイライラが、産後には溢れてきたのです。

「どうして、こんなに子どもが泣いているのに気づかないの？」

「どうして、ゴミをこんなところに置くの？」

「どうして、帰宅しても何もせず座ったままなの？」


夫に手伝って欲しい、労《いた》わって欲しい、話を聞いて欲しい、育児の苦労を理解して欲しいし、毎日大変だということに気づいて欲しい……。そんなことばかり思っていました。

そのうち、私の苦労がわかれば、夫も変わってくれるかも！　と思うようになりました。

そして実際に、私が３人目を出産して入院した初日。義母が手伝いに来てくれるのは２日目からだったので、１日だけ、夫が１人で家事と長男、長女の育児を全部やることに。


その翌日、「１日だったけど、家事も育児も大変だったよ〜」と、病院で言われた時は、気持ちがスーッと晴れましたね。「でしょ〜！　大変なのよ」と。でも、夫に私の苦労をわかってもらっても、今度は「１日くらいで、すべてわかったような気になってもらっちゃ困るのよ！」という気持ちになってしまいました。あら？　これじゃあきりがない……。

考えた結果、夫に私とまったく同じ気持ちになってもらうのは、どうやっても無理だと気づくことができました。だって、人と自分は違うから。

　そして、説明しなくてもわかって欲しい、こうして欲しいと期待するのをやめました。言わなくてもわかって欲しいというのは、単なる私の甘え、怠惰。だから、自分がやって欲しいことを具体的に伝えるようにしたのです。すると、あれだけイライラしていた感情が、すっと無くなったんです。

　具体的に説明するようにしたら、

夫も私がどうしてほしいのか、だんだん予測できるようになってきたようで、今では洗剤が足りないことに気づき、買ってきて詰め替えまでしておいてくれるようになりました。

この人とならなんでもわかり合えると思って結婚した相手でさえ、ちゃんと言わないと伝わらないものなんですね。勝手に期待しすぎない――。難しいことでしたが、お互いうまく過ごせるようになりました。

こうやってやめた

How

・自分と人は違うんだから、完全に理解するのは無理だとわかった
・やってほしいことを具体的に伝えることにした

やめた結果

Get

・夫にイライラすることがなくなった
・夫もどうすればいいか具体的にわかり、期待以上に動いてくれるようになった

35

一生物を持つのやめた

若い時は、目の前の流行を楽しむことを優先していました。年齢を重ねていくと、そろそろ「一生物」を持ち始めてもいい時期じゃないかしら？　と思うように。

一生物の定番といえば……腕時計、アクセサリー、バッグ。そして、特に憧れたのがトレンチコート。「裏地の取り外しができて、真夏以外はずっと使える、定番のすてきなトレンチコートが欲しい！」と、ずっと思っていました。

それを友人に話したら「でも、子どもを抱っこしていると汚れるし、抱っこ紐で肩のあたりがヨレヨレになっちゃうよ」と言われたので、それもそうだなと思い、しばらく我慢していました。次男が歩き始め、抱っこ紐をずっとつけるような日々が終了した頃、諦めきれていなかった憧れのトレンチコートを見に行くことにしました。

もう長年も憧れていて、リサーチもしていたトレンチコート。有名なスタイリストさんが本で紹介していたブランドの1着を候補として考えていました。そして、ついに試着！

すると……、まぁ、これがびっくりするほど似合わないこと！

「あっ、もう、大丈夫です。脱ぎます……」と、ボタンを留めてくれている店員さんを止めるほど似合いませんでした。これまで、私のトレンチコートへの熱い憧れ話をさんざん聞いていた友人が、大笑いしつつも「似合うのがちゃんと見つかるよ」と慰めてくれるという、想像もしない事態になりました。

それでも未練たらしくトレンチコートを探していたら、数年後、私の体型に合ったすてきなトレンチコートが見つかりました！　おしゃれな友人も「似合うよ！」と言ってくれたそのコートはお手頃なブランドのもの。実際に一生物として買おうと思っていたコートの10分の1くらいの値段。私は気が抜けました。

　高い物を一生物として買えば安心。それだけでおしゃれになれる。そう思い込んで欲しがっていたんだなとわかりました。

　でも一生物って、いい物をただ買えばいいのではなく、自分に似合うものをしっかりと選んで、コーディネートに試行錯誤し、愛着を持って着続けるもの。そして気づいたらいつのまにか、一生物になっていたというのが正解なんだと思えるようになりました。

　そうして、一生物こそが大人に

は必要だという呪縛から解放されました。今では自分に似合う物を自分らしく楽しんでいこうと思っています。

こうやってやめた

How

・高い物を一生物として、ただ買えばよいのではないと気づいた

やめた結果

Get

・ムダな買い物をしなくて済むようになった

36

プレゼントを物であげるのやめた

「このおもちゃ欲しい〜」とねだる子ども。「ダメ。大事にしないじゃん！」と、止める私。「絶対大事にするから〜！」「本当に？　絶対？」「うん！　本当。絶対！」

この会話を、何度子ども達としたことか……。毎回、約束した後に買っても、結果は同じ。1ヶ月もしないうちに、大事にすると言ったおもちゃが放置されている。そして、発見した私が怒る。毎回、やっぱりまたか……とひどく落胆する気持ちと、子どもが喜ぶ顔がみたくて買ったのだから、仕方ないという気持ちが交錯します。

でも子どもが3人いると、誕生日、クリスマスなどイベントごとに毎回おもちゃを買っていたら、少なくとも毎年6個のペースで増えていく。

もう本当、大事にされないおもちゃばかりが増えて、毎回ガッカリするのは嫌だ。だからやめました。プレゼントを物であげるの。

その代わりに、誕生日は本人がプランを考えて行きたい場所へ行くという、〝経験〟をプレゼントにすることにしました。

子ども達が小さいうちは夫と私で提案していましたが、4歳くらいから自分で行きたい場所を主張するようになり、今は子ども達が自分でプランを練ります。

たとえば、「特急列車〝スーパービュー踊り子〟に乗りたい」、「ディズニーランドへ行きたい」、「スライダーのあるプールへ行きたい」、「仮面ライダーショーへ行きたい」、「サッカー観戦をしたい」など、思い思いのものを考えてきます。普段は混んでいるから嫌だな、遠いな、と敬遠する場所でも、ほぼ本人の希望通りの場所へ行きます。すると、大喜び。そして、その日の思い出をずっと覚えていてくれています。

もちろん、おもちゃを買うよりも高くつくのですが、何年経っても「あの時はあそこに

行って、こんなことした」と話してくれると、やっぱり物を買うよりよかったなと実感します。それに、一緒に出かけられるなんて、きっと子ども達が小さいうちだけ。今のうちにたくさん、いろんな所へ行きたいなと思います。

でも、やっぱり子ども。それでも、時々おもちゃが欲しいと言います。まぁ無理もないですよね。だから、クリスマスだけはサンタさんにおもちゃをお願いしています。

徹底して決めているのは、クリスマス以外の時に欲しいと言われ

ても買わないこと。「これ欲しい」と子どもがお店で言ったら、「お～なるほど、これいいね。じゃあ、サンタさんに頼む物はこれで決まりだね！」と笑顔で切り返す。真夏だろうが、クリスマスの翌月だろうが同じ切り返し。

頭ごなしに「買わないよ！」というのではなく、欲しいという気持ちは否定せず「わかる。これはいいね。面白そうだね。かわいいね、かっこいいね」と共感する。そうすると子ども達は気が済むようで、駄々をこねるようなことはほとんどなくなりました。

こうやってやめた

How

・物でなく、本人の行きたい場所へ行く経験をプレゼントすることにした
・おもちゃはサンタさんにお願い。でも欲しいという気持ちは聞いて共感する

やめた結果

Get

・物を適当に扱われてガッカリするようなことが無くなった
・いつまでも子ども達が一緒に過ごした経験を覚えてくれている

37 マイカー やめた

子どもがいると、車は必須だろうな、車に乗って家族でおでかけもしたいし！　と、子どもが生まれるタイミングで車を持つようになりました。おでかけだけでなく、保育園の送迎やスーパーでの買い物など、日常的にも便利に使っていました。

ですが、毎月のガソリン代や維持費、子どもを乗せて運転することへの緊張感にちょっと気が重くもありました。

夫と話し合い、次男が1歳を過ぎて、３人乗り自転車に乗せられるようになったタイミングでマイカーをやめてみました。もう一生マイカーを持たないぞ！　と強く決意したわけではなく、実験的に一時期だけ、という気持ちで一旦手放してみようと思ったのです。

それから3年。今もマイカーは持っていませんが、不自由なく過ごしています。どうしても必要な時はレンタカーを使いますが、それでも1年に2回もあるかどうか。後は自転車、バス、電車で事が足りています。今は便利なカーシェアリングもありますよね。

毎月のガソリン代と維持費が無くなったこと、そして、事故を起こしてしまう可能性がある運転中のプレッシャーから解放されたことで、とても気持ちがラクになりました。

車があると「じゃあ、車で行こうかな」と、たいして必要でもないのにガソリンを消費してしまったこともあるし、重い荷物も車で運べるからと必要以上に買い物をしてしまうこともありました。でも、車を手放したことで衝動買いすることがなくなったという、思わぬ副産物もありました。

ここで伝えたいのは「車はやめる対象だ」ということではなく、「必要だと思い込んで

いないかな？」と身の回りを見直すことの大切さです。私の場合、それが車でした。

場所柄、車がないと不便で日常生活に支障をきたす方や、車が趣味、運転することが気分転換になるという方に、無理やり車を手放すことを薦めているわけではありません。

実は家庭内での需要がそんなに高くないのに、勝手なイメージで必要だと思い込み、お金や時間、手間を使ってしまっていることがあるかもしれません。改めて、まっさらな気持ちで見直してみると、

意外な〝やめてもいい物〟が見つかることもありますよ！

こうやってやめた

How

・一生手放すのではなく、実験的な気持ちで一旦手放してみた
・必要な時はレンタカーやカーシェアリングを使う

やめた結果

Get

・ガソリン代、維持費、運転のストレスが無くなった
・ムダな買い物をしなくなった

やめないことリスト

たくさんのことをやめました。でも反対に「やめないこと」もあります。自分の中で優先順位が高く、譲れない「やめないこと」が何かを考えると、やめていいものが明確になり、スムーズにやめられます。私の場合はこんなこと。

1　子どもが読みたいと言った本は、漫画でも図鑑でもなんでも買う

たくさんの言葉や表現を知っていると心が豊かになると思うから、子どもが言葉に接する機会を増やしたい。だから、本を読みたいと言ったら、なんでも買います。時には、子どもと私の本で会計が1万円を超え、ギョッとすることも(笑)。もちろん、漫画より文字が多い本を選んでほしいけれど、まずは読書って楽しいなと思ってもらえれば。長男の国語の成績がよいのは、読書の副産物かも?!

2　どうしても無理でない限り、子どもの外遊びにはとことんつき合う

外遊びが大好きな息子に「そろそろ帰ろうか」と声をかけた時、「なんで?」と言われて考えました。特に用事がなければ、正直私が退屈なだけ。時には子どもが満足するまでつき合うことで、その後の家事や育児がスムーズにいくことも。パン屋に寄ったりして私も楽しみながら、6時間つき合う日もあります。

3　「めんどくさい」は禁句! 言葉づかいには厳しく

「めんどくさい」が禁句の山田家。「めんどくさい」は自分で認定してしまう言葉です。ほかにも「嫌い」は「苦手」に言い替えるなど、言葉づかいには妥協なし。どんな言葉に接するか、使うかで思考も影響を受けるし行動も変わる。行動が変わると人生も変わるから、言葉づかいには厳しくいきます。

4 食事のマナーは守る！お箸の持ち方は正しく！

どんなにすてきな方でも、食事マナーが悪いだけで印象が悪くなるし、周りを不快にします。それが本人の人格と関係ないのが辛いところ。オムツは自然と取れるけど、お箸の持ち方や食事マナーは自然には直らない。社会に送り出す前にちゃんと教えるのが、親の大事な役目のひとつだと思っています。

5 子どもを寝かせる時間は絶対にずらさない

しっかり睡眠をとらせることは、子どもの成長にとって何より重要なこと。何をするにも身体が資本。だから、寝る時間がまず優先です。夕食の時間が遅れると、お風呂も寝る時間も後ろ倒しになり、私がイライラ。夕食の時間を厳守することがポイントです。

6 子どもとお菓子は距離を置いて

子どものうちは自分で食べ物を選べません。親が出したものを食べるしかない。子どもの身体を作る食べ物は、悪いものよりもよいものをあげたいから、おやつはできるだけフルーツや焼き芋などに。でも、厳しすぎても楽しくない。だから、もらったお菓子は食べてもよいことにしています。

7 子どもの話は、じっくりと聞く

私が子どもの時、1人での留守番も、両親の離婚も、母が働いていたことも気になりませんでした。唯一悲しかったのは、話を聞いてもらえなかった時。「疲れてるから」と言われると、子どもでもそれ以上は話せませんでした。だから、私は子どもの話をじっくり聞く。どうしても聞けない時は「後で聞くね」と、聞く意志があることをちゃんと伝えるようにしています。

おわりに

最後まで読んでいただき、本当にありがとうございます。やめてみよう！と思うものは何か見つかりましたか？

私はこの本を書き始める時に、決めたことがあります。それは決していい格好をせず、読んでくださる人のことだけを考えて、読み終わった時に何か得てもらえるような本にする――ということ。「なんだ、そんなのでいいのか～」と、気持ちが軽くなれたなら、こんなにうれしいことはありません。

私は小さい時に両親が離婚し、母とふたりで暮らしていました。まぁ、これが結構な貧乏で（笑）。母は働いて帰ってきたら、疲れた顔で料理をして、夕食時にはもうグッタリ。子どもながらにも、母が私の身体のことを思い、どんなに疲れていてもがんばってごはんを作ってくれていたこともわかっていました。それでも私は、買ってきた惣菜でもでき合いのお弁当でもいいから、母と笑ってごはんを食べたい、私の話をゆっくり聞いてほしいと願っていました。

「親が自分のやりたいことをやって楽しんでいること」、「親がいつも笑っていること」。それが、子どもにとっても幸せなんじゃないかなと思います。

この本を通じて、1人でも多くのお母さんが少しでもラクになり、笑顔が増えて、毎日やりたいことができるようになるきっかけになればうれしいです。

最後に、私に出版の機会をくださったワニブックスの吉本さん、安田さん、ライターの高橋さん、かわいい漫画を描いてくださった上田惣子さん、すてきなデザインにしてくださった桑山さん、本当にありがとうございます。

そして、不便な場所にあるカフェに来てくださるお客様、突っ走る私をいつもサポートしてくれるお店のスタッフさん達、いつでも私を復活させ、毎日を幸せにしてくれる3人の子ども達、暴走する私を否定せずに見守りサポートしてくれる夫に。そして、この本を手に取ってくださったあなたに感謝を込めて。

2017年11月　山田　綾子

ごっこ遊びで叫ぶ子ども達のいるリビングにて

Staff

イラスト　上田惣子
デザイン　桑山慧人(prigraphics)
編集協力　高橋香奈子
校正　玄冬書林
編集　安田 遥(ワニブックス)

その家事、いらない。

著者　山田綾子

2017年12月3日　初版発行

発行者　横内正昭
編集人　青柳有紀
発行所　株式会社ワニブックス
〒150-8482
東京都渋谷区恵比寿4-4-9
えびす大黒ビル
電話　03-5449-2711（代表）
03-5449-2716（編集部）
ワニブックスHP　http://www.wani.co.jp/
WANI BOOKOUT　http://www.wanibookout.com/

印刷所　株式会社 光邦
DTP　株式会社 三協美術
製本所　ナショナル製本

ISBN 978-4-8470-9624-2